書きたいもん

池田雅治

溪水社

発刊に寄せて

吉《よし》田《だ》正《まさ》彦《ひこ》

池田さんが、いよいよつづり方集を出される。なんとも嬉しいことだ。

池田さんが私たちの研究会「いちいの会」に参加されるようになったのは、会が発足して間もない頃だったように思う。確か、伊藤美子《いとうよしこ》先生のご紹介だったのではないか。ご自身も極めて真摯な実践家でいらっしゃる伊藤先生が、「とってもすてきな先生がいらっしゃるから、是非、お誘いしたい。」と言われて、間なしにみえたのだった。

当時、池田さんは、磯部小学校勤務で、同和教育に熱心に取り組んでおられた。その時期は、ご自身の「まえがき」にもあるように、生活つづり方に取り組み始められた頃と重なる。

以来、池田さんは、思わぬ大病をされた一時期を除いて、ほとんど欠かさずと言っていいほど毎月の例会に出席され、実践記録を提示されたのだが、それらの提案は、いつも私たちに大きな衝撃を与え続けた。

取り上げられている問題の大きさや深さや身近さに気づかされ、時には自分たちの陥りやすい誤りに愕然とさせられるということももちろんあったが、それ以上に池田さんが取り組まれる姿勢の強さに打たれたのであった。姿勢とは、この場合、単に観念的な、〈態度〉というようなものではない。態度というなら、それは、問題への誠実さを、あくまでも連続する具体的な行為として実行するという態度である。

そして、その姿勢は、今日における池田さんの生活つづり方の教育にそのままつながって発展してきた。それが、ここにまとめられた七編のつづり方を中心とする取り組みである。そのいずれもが、非常に優れたものであることは、読む人皆が等しく認めるところであろう。

ことに、それぞれの問題の中心に置かれた七つのつづり方には心を打たれるに違いない。それらは、明らかに池田さんが積み上げてきた成果、この時点での見事な一つの到達点といっていい。

こうしたすばらしさに出会うと、私たちは、是非同じような成果を得たいものだと願う。それは、授業者なら誰もが当然持つ、正しい願望である。

幸い、池田さんは、「まえがき」の中で、つづらせることのねらいとそこで大切にしている四つとを述べて、その具体化を七つの実践に結び付けて示してくれた。

学ぶべき道は、まさにそこにある。

だが、示されたねらいと大事なこととを踏まえてさえいれば、それで同じような成果が果たして得られるであろうか。

それは難しい、と私は思ってしまう。私たちが、ともすれば結果だけに目を奪われて過程を見ず、明かされたねらいや留意点に喜んで、その奥にあるものを掴もうとしないからである。

明かされたもののその奥の、それをしかあらしめている広く大きなもの、あるいは強いもの、池田さんの個性とも哲学とも言うべきものを見出し、それに学ぶのでなければ、ここでの学習は成立しない。

明かされているのは、無論、彼が持ち続けてきた姿勢である。私は、先にそれを、〈問題への誠実さを、あくまでも連続する具体的な行為として実行する態度〉だと言ったが、例えばそれは、自分への批判の全てを率直に受け入れようと努めていることであり、子どもたちに自分のことをまじめにありのままに語ることであり、様々な方法で子どもと保護者に理解を求め続けることであり、子どもたちの生活を絶えず重ね合わさせることであり、さらには、こうした自分の活動を振り返り、考え続けることである。そのどれもが、あまりにも平凡なもののようにみえることばかりだ。

しかし、例えば、池田さんが話したことを考えれば、それは、自分が出会った事実だけではなかった、ということが注意されよう。それらの事実を通して、池田さんは、人を誤解していた痛みやしくじってしまったことの悔悟、真似ができない他の人のすばらしさへの賛嘆や人の心の美しさへの憧憬《しょうけい》、自分が抱えている弱さなどを語ったのだ。それは、取りも直さず自分のものの見方や生き方を伝えることだった。そしてそのことで、池田さんは、子どもたちに共感を与え、一方で彼らが持っているのとは違う視点をも示したのだ。つづらせていくことで、それぞれに、自分で考え発見する場を用意していったのである。子どもや保護者に理解を求め続けていったこと、互いの暮らしを重ね合わさせていったことなど、全てがその流れで考えられなければならないであろう。

だが、それにしてもなぜ、池田さんは、自分を語り続け、子どもたちにつづらせ、互いに語り合わさせ続けるのであろう。

思うに、池田さんは、そうすることで子どもたちに、それぞれが生きている世界を、避けることなくきちんと見つめさせようとしているのに違いない。そうすることこそが、子どもたちのものの見方や考え方や感性をより強く、鋭く、深いものにし、やがてその生き方を広く豊かなものにしていくのだ、ぜひそうあってほしい、と願っているのであろう。

怠ることのないこれら一つ一つの積み重ねと繰り返しが、例えば「お母さんからの手紙」や「きずあと」や「心の痛み」や「『お父さん』を語る」やその他全ての子どもたちのつづり方、事実と心とをしっかりと伝える力を持つ文章を生み出していったのだ。そのことを、まず理解する必要があろう。

その理解に立てば、この本の中心に置かれている七つのつづり方は、独りそれだけで存在しているのではないということ、それらはいわば、学級という、連なって立つ山並みの峰々の一つなのだということも、正確に把握されるに違いない。もちろんそれらは、際立って高い、話題を鋭く提起している峰である。しかし、決して弧峰ではないということが肝腎なのであって、それを誤ってはなるまい。

かつて三重県にもつづり方教育の運動があった。北牟婁の地にもあったし、北勢（三重郡・四日市）にもあった。中でも、北勢の北村守《きたむらまもる》氏たちの運動は、学校ぐるみで教育内容を広げるものにまで発展していき、特にその着想の新しさと活動の幅の広さとは多くの心ある人々を引き付けた。今考えても、今日的意義のたいへん大きな運動であった。しかし、それを受け継いでいったはずの人の中に、成果を個人的なものに収斂させようとする動きが出て、活動は消えていった。惜しまれてならない。

今、時も所も全く隔絶したところで池田さんのつづり方教育が、強い信念と個性の発露として噴き上がるように現れ、花を開かせた。そして、学校の中で、郡市の教育研究会の中で、池田さんが訪れた地域や学校で広がろうとしている。そのことに、驚きと感激とを覚えないではいられない。

だが、全てものごとは、もちろん教育活動も、先人を超えようとするときに前進する。どうか、一人でも多くの人がこの本によって池田さんの実践に触れ、汲み取り、そして池田さんを超えるよう励んでいただきたい。それこそが、池田さんがこの本を出された最大のねらいであり、喜びであろうと思うからである。

一方で、池田さんには、超えられないでいただきたい。それが、わたしたちの尽きない願いである。

もう一つ、ただに活動の前進のためにだけでなくご家族のために、むろんご自身のために、そして周りのわたしたちみんなのためにも、いっぱいのご自愛を心からお願いしたい。

平成十五年三月　鶯の初音を聞いた日に

まえがき

私は、現在勤めている志摩町立越賀《こしか》小学校に来る前には、磯部《いそべ》町立磯部小学校に勤務していた。生活つづり方教育に取り組んだばかりであった。磯部小学校での最後の年にこんな出来事があった。

◆

平成九年の十一月十四日、五限目の音楽の始まる前、私は空き時間になるので教室で日記を読もうと思い、教室に行った。行くと、女の子六人ほどとY君とが、黙って机の上に顔をふせている衿子《えりこ》さんを心配気にみつめていた。

Y君は、〈しまったあ〉という表情で衿子さんを見つめていた。女の子たちの話を聞くと、

「Y君が、衿子さんのおばあちゃん、右指が三本しかないんやと言ったから」

と言う。(本当は、三本ではなく二本なのだが、Y君が、まちがったのだろう。)私は、Y君を叱った。

「衿子のおばあちゃんのからだのことを、衿子のおばあちゃんの前で言えるか。衿子のことを考えたのか。しかも、Yは、衿子のおばあちゃんに小さい時から、大事にしてもらったことがあるやろ。衿子は、衿子のおばあちゃんの気にしとることを、いちばん知っとるYに言われたわけやぞ。衿子は、誰に言われるより、Yに言われたことがいちばんつらかったと思うぞ」

Y君は、

「ごめんなさい」

と、もう一度謝った。

　衿子さんは、声を出さずに泣いていた。

　その日の放課後、私は、衿子さんと今日のことを話した。

「Ｙのことを責めるというのではなく、おばあちゃんのことを書いてみないか。おばあちゃんは、指を事故でなくしてしまった。そのおばあちゃんが、どんなふうに暮らしているんか、生きているんか。そして、そのおばあちゃんと衿子は、どんなふうに暮らしているんか、生きているんか、書いてみないか」

　衿子さんは、しっかりとした表情で、

「うん」

とうなずいた。

　三日後、衿子さんから、つづった文章をもらった。みんなに読んでいく前に、お母さんとも、衿子さんとＹ君のことについて話し合った。衿子さんの文章を通信に載せていくことについても、〈いいですよ〉という了解ももらった。

　しかし、次の日、衿子さんから、封筒を渡された。

「お母さんが、先生に渡してって」

　こんな手紙が入っていた。

　　池田先生へ
　乱文お許し下さい。
　衿子は、この作文を書くにあたって、「書いてみないか?」の問いに「うん」と答えたものの、はじめは消極的でした。そこで、私は、「書きたくない気持ちが強ければ、やめといたら」と言いました。

すると、「書きたいもん」と言い、気持ちが決まったらしく、おばあちゃんとのことを書いていました。

私が、言葉にするのは難しいなあと思っていた、おばあちゃんが外に出る時に手袋をする部分を、衿子は、〈たぶんふつうでいたいからだと思います。〉と表現しました。きっと一緒に過ごす家族だからこそ、そのように感じることができたのだと思います。

自分の内面でも、外見でも、人に触れられたくない部分がある人は、多いのではないでしょうか。

衿子は、この作文を書くにあたって、おばあちゃんに面と向かっては聞き取りなどはできなかったようです。今までの普段の会話を思い出して書きました。

しかも、書いた作文も、残念ながら見せてはいないみたいです。先生から、通信にのせていいですかと聞かれたとき、そのことが頭の隅にあり、私はつらい気がします。まず、おばあちゃんに読んでもらってから出していただきたいのです。衿子もおばあちゃんがそういう気持ち（皆に知ってもらいたい）になれない人だと感じているからだと思います。


私は、「おばあちゃんの気持ち」を考えることや、衿子さんが、おばあさんのことをつづった文をおばあさんに了解を得ようとして悩んでいることや、衿子さんの悩む姿を見て苦しんでいるお母さんのことを想像することができなかった。本当に申し訳なく思った。

その日、衿子さんのお母さんに会うと、

「今日、衿子はおばあちゃんに話すと思います」

と、明るく言われたので、私は安心した。

次の日の朝、教室に行くと衿子さんが明るい顔で、

「先生、わたしの作文、通信にのせてもらっていいです。おばあちゃんもお母さんもそう言ってたよ」

と言ってきた。私は、衿子さんに、そして衿子さんのお母さんとおばあさんに救われた気がした。

私は、この時以来、子どもたちが、ある人について書きづらい内容をつづってきた場合、そのつづられた本人に、

「あなたのことを、お子さん（お孫さん）は、このようにつづりました。読んでみてください。

これを教室で読んでもいいですか。

通信に載せてもいいですか」

と、忘れずに尋ねている。もし、その人が亡くなっていれば、その人のお連れ合いに了解を得ている。そのお連れ合いも亡くなっていたならば、その人の子どもさんたちに了解を得るようにしている。

◆

衿子さんは、おばあちゃんとの暮らしを次のようにつづってきていた。

おばあちゃんの手

磯部小学校　四年　世古《せこ》　衿子

わたしのおばあちゃんは、六十二さいです。わたしのおばあちゃんは、昔、工場で働いていました。

そのとき、機械にまきこまれて右手の三本の指を失いました。

おばあちゃんは、ごはんの時、おはしでなくフォークを使います。右手の親指と人指し指でフォークを持って食べます。食べづらそうです。

おばあちゃんは、外出するとき、毛糸の手ぶくろをします。よくわからないけど、なんとなくわかります。

たぶん、ふつうの人といっしょの体でいたいからだと思います。

　この前、鳥羽の図書館におばあちゃんに連れていってもらいました。弟もいっしょに行きました。電車に乗っていきました。そのときも、おばあちゃんは、手ぶくろをしていました。そのとき、弟はおばあちゃんの左手と自分の右手をつなぎました。わたしはおばあちゃんの右手と自分の左手をつないでいきました。おばあちゃんの二本の指をにぎっていきました。


　十二月十八日、衿子さんのつづった文章を読んで勉強をした。

　私が、

「どこが、心に残りましたか」

と聞くと、何人もの子どもが、〈おばあちゃんの二本の指をにぎっていきました。〉というところや、弟とおばあさんと衿子さんが三人で歩いているところを選んだ。そこで、さらに、

「自分の暮らしの中で、何か思い浮かべたことがありますか」

と聞くと、紗矢《さや》さんは、

「私のお父さんも、大工仕事をしている時、指を切り落としてしまいました。でも、元気に仕事を続けています」

と話した。宏樹《ひろき》君は、

「おじいさんが、かわらをふく仕事をしていて、指をワイヤーで切ってしまった」

と話した。詠子《えいこ》さんは、

「おばあさんは、足が悪くて、それが原因で、交通事故にあってしまいました」

と話した。

そんな話を、衿子さんは、じっと聞いていた。そして、Y君も。

◆

この時、Y君は、衿子さんとおばあさんとの暮らしを知り、文の中に自分のことが何も出てこないけれど、強く反省したに違いない、と私は今も信じている。

しかし、信じているからこそ、あの時、Y君にも、自分の気持ちをつづってもらうべきだった。衿子さんが、Y君の思いを知りたかったはずだろうし、Y君も自分の気持ちを詳しく伝えたかったにちがいない、と思うからである。

私は、そうできなかったことを、Y君にも衿子さんにもすまなかったと思っている。

同時に、私は、つづり方の持つ力を思う。

右の短い文章の中に、衿子さんの「人となり」がよく表れているからだ。

また、私は、おばあさんを真ん中に挟んで衿子さんと衿子さんの弟が三人で手をつないでいる姿が忘れられない。Y君もそうであるに違いない、と私は思うのだ。

子どもが文章をつづり、そのつづり方を教室で読む。その中で、子どもたちは互いに共感の輪をひろげ、理解を深め合いながらしっかりと心と心をつないでいく。それらのことが、衿子さんのつづった「おばあちゃんの手」によって実現したのである。書きづらいことではあるが、展望のみえるつづり方（「おばあちゃんの手」では、衿子さんの持つおばあさんへの温かみ）は、子どもどうしの、家族の、心と心をつなぐ力となり得《う》るのだと強く思わされたのである。

私は、次の年、志摩町の越賀小学校に転勤した。ここでも、私は、生活つづり方教育を続けている。越賀小に来てからも、全校児童による「作文集会」を続けている。

私が、そのようにしているのは、前述した経験による。

◆

さて、ここに収めてある取り組みは、つづり方を中心にすえている。

では、なぜつづらせるのか。

四つ、考え続けている。

一つは、子どもたちに、相手にきちんと伝えることのできる力をつけさせたいからである。子どもが、誰かにいじめられた時、誰かから差別された時、誰かに謝りたい時、自分の心のなかにある悩みや悲しみを聞いてほしい時、自分の心に残ったできごとや人のことを語りたいと思った時、そういう時に自分の言葉で、誰にでもよく分かるように表現できるようにしてやりたい。それが、子どもたちがよりよく生きていくうえでの基本的な一つの力だと思うからである。

二つは、つづることを通して、考える力・見つめる力を伸ばしたいからであり、さらに三つは、つづることで、発見する力を強めたいからである。

子どもたちが、自分の生活を振り返り、あったことがらをていねいにつづろうとするとき、彼らはその事実を確認したり、選択したりするだけではない。つづりながら、自分に関わるそのことがらの意味、それがあったことの意義を考え、理解を深めていくのだと思う。

また、子どもたちは、ことがらに関わった人々の思いや行為を改めて見つめ、理解し、それに触れていく。それは、生活の新しい発見に外ならない。

四つは、つづることが、つづったその子どもだけにとどまらず、周りの子どもたち、大人たちの心に響き、変え、結びつけていくからである。

つづることは、いつも、決して単独ではない。それは、人の心と心とをつないでいく力だと思う。

右のような考えに立ち、つづる力をつけるために、私は、次の四つのことを大切にしている。

① 順序よく、よく思い出して、〈～ました。〉〈～た。〉と過去形で書く。これがいちばん書きやすいから。
② 一つのことを書く。自分にしか書けないと思うことを一つにしぼって書く。
③ 「けり」がつくまで書く。ある結末を見るまで、ある展望が見いだせるまで書く。（このことは、蔵本《くらもと》穂積《ほづみ》先生〈大阪つづりかた教育研究会 主宰〉が言われている。）
④ 推敲する。一文を書いたら、または、一つの出来事を書いたら必ず推敲する。文を声に出して読むとなおよい。

◆

衿子さんのつづり方以来、今年で、五年目となる。そこで、一つの区切りとして、この間に出会った子どもたちとのことを七編収めて、本書を出すことにした。

師である吉田正彦先生からは、過分なお言葉をいただいた。

私は、吉田先生の言葉を読ませていただいた時、これまであった様々なことが一度に甦り、そして、〈今、ここに居ることのできるありがたさ〉を思い、思わず、涙してしまった。

広く皆様方のご指導をいただきながら、さらなる努力を続けていきたいと思う。

二〇〇三年　春

池《いけ》田《だ》雅《まさ》治《はる》

目次

書きたいもん

お母さんからの手紙

一つの出来事をつづる。

◇

クラスのみんなで、クラスの一人の友だちがつづったものの中に書かれてある《家の人からのプレゼント》について、自分の暮らしに重ねて考えた。

谷口亮《りょう》君（六年生）は、次のように書いた。

> ぼくのお父さんからのプレゼントは、お母さんとお父さんがりこんする前に、お父さんがつくってくれたムシかごです。
>
> ほかにも、おもちゃとかを買ってくれたけど、そのムシかごが心に残っています。

この文章は、学級通信「風」に載り、クラスの子どもたちの暮らしぶりを出し合うきっかけとなっていった。

◇

亮君は、去年（五年生のとき）、越賀小学校で行なっている全校（百九名）による作文集会で、そのとき紹介された二年生の児童の作文に触れて、こんなことを話している。

> ぼくのお母さんとお父さんもりこんをしています。そんなところが、いっしょです。

その二年生の作文には、自分のお母さんのことを話すのに、お母さんが、お父さんと離婚したこともつづられていたのである。

　このように、相手の心の痛みを想像して自分の暮らしを語る亮君だが、冒頭のようにお父さんのことだけに触れて何かを言ったり書いたりしたのは、このときが初めてだった。

　私は、少し気になった。

　私は、亮君の家を訪ねて、お母さんにそのことを話した。お母さんは、

「亮に、『ムシかごのこと書いたよね。そう思ってるの?』と聞くと、亮は、『ウケをねらったんだ』『普通のものじゃないのを書いたんだ』と答えたんだけど」

と話してくれた。私が、

「そうですか……。でも、本当のところはわからないですねえ」

と言うと、お母さんも、

「そうですね。わからないですねえ」

と答えた。

　私は、次のようなことを、お母さんにお願いした。

「今、亮君の思いは、私もよくわかりません。亮君は五年生のとき、全校作文集会で、二年生の子どもの作文に対して、自分のお母さんとお父さんも離婚していることが似ていますと言える子どもです。その亮君が、わずかですが、初めてお父さんのことだけを書きました。そこのところを深く捉えてやってもらえないでしょうか。よければ、亮君に、何かこのことに触れて手紙を書いてやってもらえないでしょうか。このことは、亮君にとって、改めてお母さんの思いを知るということにつながると思います。

　もう一つは、こんなことを考えているんです。もし、手紙を書いてもらったら、それを紹介させてください。クラスには、お父さんが亡くなった子ども、お母さんと暮らしている子ども、お父さんと暮らしている子どももいます。特に、その子たちの心を動かすと思うからです。その子たちが、今すぐ自分の暮らしを話したり書いたりはできなくても、将来、迷ったとき、亮君のこと、お母さんのこと、そして、思いをつなげようとしたクラスの子どもたちのことを思いだすと思うんです。亮君はもち

ろんのこと、ほかの子たちも、自分を隠すことよりも、自分を表現していく人になっていくと思うんです」

お母さんは、聞いてくれた後、静かに、

「書きます」

と言ってくれた。ありがたかった。

数日してから、お母さんが書いてくれた手紙を亮君に見せてもらった。こんな手紙だった。

亮君へ

離れて暮らして五年。そして、離婚して四年。お父さんもお母さんもどちらかが一方的に悪いということじゃなく、思いやることの努力がお互い足りなくてこんなことになったのでしょう。

お姉ちゃんと亮の二人とも離れて暮らすことになっても「会いたいなー」「話したいなー」とか言わないし、電話きてもあまり話しないし元気だから、お父さんがいなくても平気で淋しくなくて、満足じゃないけど不幸じゃなくて、幸せとは思ってないけど不幸じゃないとずーと思ってた。

でも《風》で虫かごのプレゼントのこと読んだとき、ドキッとして。だから「そう思ってるの？」と聞いたよね。「ウケをねらったんだ」「普通のものじゃないのを書いたんだ」と答えたよね。本当はどう思ってるのかナ？　お母さんに気を遣ってる？

亮君が起きる前に仕事に行ったり家に帰ってくるのが夜の八時前で本読みの宿題聞けなかったり、肩もみさせたりして。つかれてるお母さんに遠りょしてる？　もしそうなら、気にしなくていいんだよ。

会いたいときは、会えばいい。男同士の話、したいときはすればいい。親子なんだから。何の遠りょもいらない。そんなときは、お父さんに連絡してあげるよ。会わせてあげるよ。

ときどき、あまりにもつかれて、「あーもう仕事なんかやめて家でボーッとしてのんびりしたいなー」なんて思うこともあるけど、やめることはできなくて、これからもずーっとがんばって働いていかないとだめで。

でもそれはお姉ちゃんや亮君のためだけでなく自分のためでもあって。

日々の生活では、失敗だらけで後悔だらけのお母さんだけど。離婚したことは、ぜんぜん後悔してない。今の方が気持ちのうえではずーっとおだやかで、すごく楽な生活をすごしていて、そして、あなた達がいるから幸せだと思っている。自分の選んだ道まちがっていないと思ってる。

亮君も自分の人生、自分で選んで切りひらいていってほしい。


「このお母さんからの手紙をクラスの子に紹介していいか」

と、亮君に尋ねると、首を横に小さく振った。私が、

「そう」

と答えると、

「お母さんに悪い気がするから」

ということだった。

私は、数日前お母さんに話した同じことを、亮君にも話した。お母さんが「クラスの子どもたちに話してもらってもいいです」と話してくれたことも伝えた。そして、

「よく似た環境の子どもの心をたとえ一人であっても、かえることができるかもしれない。もちろん、できないかもしれない。しかし、亮がお母さんの手紙に強く心を動かされたように、先生も強く心を動かされた。きっと、その子たちの心を動かせると思う。紹介させてほしい」

と言った。そうすると、亮君は、ゆっくりうなずいてくれた。

次の日、みんなに亮君のお母さんの手紙を紹介した。みんなは、一言もしゃべらず聴いていた。その後、みんなは、亮君の暮らしに自分の暮らしを重ねてつづり、語っていった。

ここでは、紙面の都合上、二人の子どもの感想を紹介するにとどめる。

りょう君へ

井上　貴美子《きみこ》

わたしの家のお父さんとお母さんもりこんしてい

ます。

わたしの家には、お母さんじゃなくてお父さんがいます。

わたしの家は、りこんしたのは、わたしが三年生ぐらいです。

わたしは、二週間に一回ぐらい、日曜日にお母さんと会っています。電話をしたり、手紙を出したりしています。

お母さんのところに行くと、お母さんは、「お父さん元気?」とか、「おばあちゃん元気?」とか言います。

わたしは、お母さんのところに行くとき、「友だちの家、行ってくる」と言って、「お母さんのところ、行ってくる」と言ったことがありません。うそをついていました。

お父さんは、知っているのに、何も言いません。

お父さんに、わるいと思っています。

これからは、ちゃんとお父さんに「お母さんのところ、行ってくる」と言うようにしたいです。


りょう君もお父さんのところに行きたいなら行けばいいと思います。

亮君へ

切本《きりもと》　実香《みか》

わたしは、二年前にお父さんをなくしました。

亮君がお父さんにもらった虫かごは、すきまが空いていてバッタもにげてしまうけど､その虫かごは、お父さんの思い出がいっぱいつまった虫かごなんですね。

亮君が心に残っているのは、お父さんの作ってくれた虫かご。

わたしが心に残っているのは、お父さんの作ってくれたカレーの味です。

亮君は、お父さんに電話がしたかったらできる。

わたしは、電話をしたくてもできません。

亮君、がんばってね。

谷口君は、次のように書いた。

お母さんへ

谷口　亮

お母さんの手紙を読んで、いつも元気で明るいお母さんが、こんなことを思っているなんてわからなかったし知らなかった。「風」にのった虫かごのことは、何を書こうか迷っていたけど、そのとき、すっと頭にうかんだのが虫かごのことだった。

お母さんにえんりょはしていないけど、やっぱりできれば、四人で暮らしたかった。

お母さんは、つかれているのに、その次の日とかも仕事に行ってくれて、また、頭が痛いのに朝早く仕事に行ってくれて、ありがとう。

お母さんも、ぼくにえんりょしないで、かたもんでほしいときは、言ってください。

家庭訪問で、亮君のお宅に伺ったとき、お母さんに、

「谷口さんは、いつもすてきな笑顔をしてますねえ」

と言うと、

「私のとりえは、これしかないですから」

と、笑いながら話してくれた。亮君も、お母さんのように明るい子どもである。親子互いに受け入れ合っているという実感が、柔和で明るい表情を生み出しているのだろう。

お母さんは、亮君の手紙を見て、嬉しさと寂しさに揺れたに違いない。寂しさを感じたかもしれないというのは、「やっぱりできれば、四人で暮らしたかった」というところである。

しかし、お母さんは、私に、

「亮に手紙を書いてよかった」

と言ってくれた。ありがたかった。

クラスの子どもたちのどの感想も、亮君にせいいっぱい気持ちを寄せていた。そのことが、私は、とても嬉しい。

亮君にみんなのつづったものを読んでもらってから、

「どう？」

と尋ねると、

「みんなが、ぼくのことをしっかり考えてくれてうれしい」

と言ってくれた。

これらのことを通信で紹介すると、次のような手紙が寄せられた。


涙が止まりませんでした。亮君も立派だしお母さんも立派です。そしてクラスのそれぞれの体験を書いてくれた子供達の文にも感動させられました。

みんな違った人間が一緒に生きていくわけですからクラスの中でも、家庭の中でも、問題はいくらでもあると思います。

自分の人生、決めていくのに、他人が良い悪いは言うことでもなく、離婚も一つの選択なのだからいいと思います。ただその後の人生をどんな風に素晴らしく生きるかです。

先生の書かれていた通り、亮君のお母さんの笑顔はいつでも輝いています。私は、自分のみけんに寄った毎日消えないシワをうらめしく反省します。

将平《しょうへい》が三年生ぐらいから私はいろいろなことを相談するし、ぐちも聞いてもらいます。そのたび彼なりのいい答えを出してくれます。

子供達の心の中のいいところをたくさん掘りおこしてくれる池田先生にも感謝しています。

（小川　美由紀《みゆき》）


これまでの全ての場合と同様この手紙も、小川さんご本人に了解を得て、通信に載せていった。

しかし、ある日、放課後、男の人からこんな電話があったことを、校長が私に教えてくれた。

「今回のようなプライベートなことを、あえて学校の授業としてやっていっていいのか」

と、その人は言うのであった。そのとき、校長は、

「授業すること、そして通信に載せていくことは、担任が、谷口さん親子に了解を取っていることです」

と答え、

「もしよければ、お名前だけでも教えていただけませんか」

と尋ねたが、教えてもらえなかったということだった。

私は、もちろん、通信だけでは、保護者の方たちにも十分には理解していただけないと思い、谷口さんの話を直《じか》に聞いてもらうつもりでいた。

私は、二ヶ月に一回のわりで「学級懇談会」を開いて学級の指導などについて保護者の方たちと話し合っていた。そこで、できるだけ早い懇談会の場で、亮君のこと、お母さんの手紙のこと、クラスの子どもたちの声をもう一度伝え、話し合おうと思っていた。

九月十四日の保護者会では、こんな話が出た。出席した皆さんに話をしていただいたのだが、いくつか載せることにしたい。


谷口さんの手紙が、文章として紹介されたことにより、谷口さんの親としての思いがよく分かった。

まず、親自身が、出せる範囲で出していくことが大切なんだと知らされた。

通信は、子どもにとってもよかったと思うし、親にとってもよかった。谷口さんと亮君に感謝している。


亮君のお母さんの手紙を聞いて、亮君も泣いて私たちも泣いたんようと娘が言っていた。とてもいい勉強をさせてもらって、谷口さんには、ありがたいなあと思っている。

私は、子どもの手紙の中で、貴美子さんと実香さんの手紙に心うたれた。貴美子さんが、こんなに自分のことを書いている。りっぱだなあと思った。

実香さんの手紙は、肉親の死にあった人にしか書けない手紙だと思う。これも、すごいと思う。


個人的な問題なので、このようなことを出していくのは、亮君を、傷つけたのではないのかと思う。複雑な気持ちです。

先生は、通信に子どもや親の文章を載せるとき、大事な問題のときには、必ず、「載せていいですか」

と聞いてくれる。

この場合も、谷口さんも亮君も載せていいよと言ってくれているのだから、いいと思う。


最後に、亮君のお母さんに話してもらった。


私は、亮の姉の薫《かおる》に、私の思いを知っておいてほしかったので、下書きを見せて、「読んで変なとこあったら直しといて」と頼みました。手紙を書く経緯も言ってありました。

そしたら、その下書きに感想が書いてありました。

こんなことが書いてありました。

「何かお母さん、いつも明るくてうちらと同じくらいしか考えてないのかなあって思ってたけど、やっぱりうちらの何倍も生きてますね。さすがだと思います。

……お母さんの判断は、間違ってないと思うよ。

それにかおるは、お母さんがいるので全然さみしくないよう。……」


薫の返事はうれしかったです。

亮には、三人で暮らしてて、離婚のことで何か言われたとき、堂々と、「それがどうしたん」「母さん一生懸命働いているよう」と言えるようになってほしいと思います。


これらの保護者の方々の話も全て通信に載せて知らせていった。通信を渡したとき、子どもたちには、

「おうちの人たちも、思っていることをありのままに語ってくれたよ。どんな言葉であれ、みんな亮君のことや亮君のお母さんのことをよく考えてくれてのことだからね」

と話した。

◇

これからも、子どもたちと保護者と教師の三者で、それぞれが生き生きと生きることができるように、そして、それぞれが絆《きずな》を強くしていけるように、と願っている。

【一九九九年十月】

「人」にふれる

■一人の子どものつづり方をもとにして

一人の子どもが、自分の生活のなかにある書きづらいことを、思い切ってつづったとき、その場には、必ず共鳴共感が生まれるものである。そして、その友だちの暮らしぶりに、クラスの子どもたちは、自分の暮らしぶりを重ね、出し合っていくのである。そして、それは、クラスの一人一人の暮らしぶりにも影響を与え、クラスの仲間作りにも影響を与えていくものである。

そのあたりのことを、中村光希《みつき》さんのつづり方をもとにして考えていく。

■中村光希さんのつづり方

「よっちゃん、よっちゃん」

六年　中村　光希

よっちゃんは、星屋佳子《ほしやよしこ》、わたしのおばさんです。わたしのお母さんの妹です。

よっちゃんは、平成七年十月二十九日の日曜日の午前中、住んでいる大王町の船越《ふなこし》の神社に子どものあきら君の百日参りに行きました。よっちゃんの夫の勝正兄《かつまさ》ちゃん（おじさん）とよっちゃんとあきら君で行きました。

お参りから帰ると、あきら君を勝正兄ちゃんのお父さんとお母さんにあずけて、勝正兄ちゃんとよっちゃんは、伊勢へ買い物に行きました。

十二時二十分ごろ、伊勢道路の登坂車線でスリップしてセンターラインからはみ出し、対向車と正面しょう突をしました。

勝正兄ちゃんは、頭を強く打っていて、脳《のう》の出血が多く、度会郡《わたらい》にある日赤《にっせき》病院で手術をしましたが、助かりませんでした。三十日の朝、なくなりました。

ショックでした。信じられませんでした。

勝正兄ちゃんは、このとき、三十さいでした。よっちゃんは、二十八さいでした。

よっちゃんは、伊勢《いせ》市の慶応《けいおう》病院に救急車で運ばれたときは、自分で呼吸ができませんでした。

私たち家族と親せきのみんなで、病院に行ったとき、よっちゃんは、人工呼吸器をつけてＩＣＵ《アイシーユー》（集中治りょう室）に入っていました。

慶応病院の脳外科《げか》の先生は、

「頭を強く打っているのでとても危険な状態です。脳のいちばん大事な脳幹を打っているので手術はできません」

と言いました。

脳幹が、〈びしゃげている〉状態でした。たいへんきびしい状態でした。

おばあちゃん（お母さんのお母さん）が、ずっとつきそいをしていました。

ときどき、お母さんやお母さんのもう一人の妹のおばさんもつきそいをしました。

ＩＣＵに二十日間ほどいました。

ＩＣＵを出て、初めは、個室に入りました。

ＩＣＵで気管支切開をして人工呼吸器がはずれ、それから五十日ぐらいたちました。

よっちゃんは、意識がもどらないままふ通病室の六人部屋に入りました。そのほうが、いろんな人の声が聞こえていいだろうということでした。

よっちゃんが、六人部屋に入るとおばあちゃんは、病院にねとまりができなくなります。よっちゃんを少しでも長くみたいので、おばあちゃんは、病院の近くに下宿をすることになりました。

十二月の終わりごろ、よっちゃんのまぶたが動いてきました。口も動いてきました。それは、けいれんなので、けいれんは、はげしくなると脳にふたんをかけるので、すぐ看護婦さんに知らせねばなりませんでした。まくら元には、けいれんどめの注射が薬を入れて、いつも置いてありました。多い日は、一日、六回ぐらい注射をうちました。

目も開けてきました。しかし、見えていないようでした。そして、いったん開くとずっと開いたままでした。開いたままの目は、看護婦さんが、ねむるときに閉じてくれました。

おばあちゃんは、呼びかけても何の反のうもないときでも、毎日、

「よっちゃん。よっちゃん」

と呼びかけ続けていました。目や口が、動いてきてから、ますます呼びかけるようになりました。

「よっちゃん。十二時よ。お昼よ」

「よっちゃん。夕方よ」

と呼びかけ続けました。

平成八年の一月の終わりごろに、おばあちゃんが、

「よっちゃん、手をにぎって、開いて」

と言うと、少しですが、にぎったり、開いたりできるようになりました。

意識が少しもどってきました。

わたしは、このままだんだんよくなってほしいと思いました。

二月の終わりごろに頭の中にたまった水をぬく手術をしました。たまった水が、脳の神けいをおし続けるからです。

そのとき、手術のため、かみの毛を切ってほうずにしたので、前のよっちゃんじゃないみたいでした。

今も、水がぬけていくように体の中に器具をとりつけています。

手術をしてから意識がますますはっきりし、気管支をふさぎ、声が出せるようになりました。

「名前は？」

ときくと、

「ほしやよしこ」

と、今の自分の名前を言ったそうです。

わたしは、よっちゃんが、自分の名前を話したとお母さんから聞いて、すごいすごいと何度も言いました。おばあちゃんの喜ぶ顔がうかびました。

よっちゃんは、アイスクリームも食べられるようになり、やわらかいごはんやおかずも食べられるようになりました。

車いすに乗って、少しはリハビリをしたり、おばあちゃんのつきそいで、屋上へ散歩に行ったりもしました。

わたしは、よっちゃんが、このままどんどん良くなっていくような気がしました。

七月にリハビリの設備の良い久居《ひさい》市の七栗《ななくり》病院に変わりました。

七栗サナトリウムには平成八年の七月から平成十年の三月まで入院して、手、足、言語のリハビリをしました。

よっちゃんは、病院からときどき帰れるので、わたしの家の車庫をよっちゃんが住むのに便利なようにバリアフリー（【注】体の不自由な人やお年寄りがすみやすい家）に改築しました。

家の中に車いすで出入りができるようにスロープをつけました。

おふろによっちゃんを入れるのに、よっちゃんがすわって乗るリフトも取りつけてもらいました。名古屋からリフトをつけるせんもんの人が来て、つけてもらいました。リフトは、よっちゃんのベッドの上からおふろの中に続いています。じょうぶなハンモックのようなものがついていて、それに乗っておふろに行きます。リフトは、曲がっていて三メートルぐらいあります。

おばあちゃんとみっちゃん（よっちゃんの姉みつ子さん）が、よっちゃんをおふろに入れます。二人は、よっちゃんをえ顔でいらしています。よっちゃんは、おふろに入れてもらっているとき、気持ちよ

さそうにしていました。わたしも手伝いをしたかったけど、お母さんから、

「よっちゃんがおふろから出てから、よっちゃんをふいてあげて」

と言われて、そうすることにしました。

わたしたちはタオルを持ってきて、おふろから出たよっちゃんの体をふきました。よっちゃんの体をふいているとき、やせたなあと思いました。手や足はすごく細いけど、おなかはぷっくりふくれていました。スマートだったのにおなかが出ているのは、運動などをしないからかなあと思いました。

よっちゃんの部屋でわたしは、いとこたちとよっちゃんに本を読んであげたり、いっしょにゲームや話をしました。ときどき、おもしろい話になるとよっちゃんも笑ってくれました。わたしは、よっちゃんの笑う顔を見て、よっちゃんが生きてくれていてよかったあと思いました。

去年の六月に熊野《くまの》市の紀和《きわ》町にケアホーム熊南《ゆうなん》というリハビリし設が新しくできたので、そこで暮らすことになりました。本当は、よっちゃんに家に住んでもらい、みんなでリハビリをしてあげたいと思いました。でも、一日中、よっちゃんの横についていなければならないとなると、わたしたちには無理でした。

そんなとき、おじいちゃんが、よっちゃんのことやおばあちゃんのことを心配して、体も気持ちも弱ってきました。

ずうっとよっちゃんのそばについてくれていたおばあちゃんは、おじいちゃんといっしょにいるか、よっちゃんのお世話をするのに熊野に行くか、とても迷っていました。とてもなやんでいました。ですが、おばあちゃんは、

「四十年もいっしょに連れそってきた人が苦しんどるんやから、あの人一人にするわけにはいかん」

「よっちゃんのところへは、お見舞いに何度も行くことにするわ」

と言って、迷いながらもおじいちゃんといっしょにいることに決めたようでした。

平成十年の六月に、家族みんなで片道四時間ぐらいかけてよっちゃんに会いに行きました。

行ってよっちゃんに、わたしが、

「よっちゃん、光希よ、元気やった」

と言うと、よっちゃんは、首をこくりと縦に動かして笑ってくれました。

ときどき、よっちゃんから手紙がきます。書くのは、りょう母さんが手伝ってくれています。

わたしは、手紙が来るのを楽しみにしています。

この前には、こんな手紙がお母さんに来ました。

お姉ちゃんへ

こんにちは。お元気ですか？

朝晩寒いですね。私は元気です。

足が痛いです。

お誕生日にはお花ありがとう。

とてもきれいですね。どうもありがとう。

とてもうれしかったです。

マンガを読んでますか？私は毎日ラジオを聞いています。

又電話します。

犬は元気ですか？

何をしていますか？

この間バーベキューをしました。本当は外でするはずが、雨だったので中でしました。

おいしかったです。

その前は買物に出かけました。アイスクリームを買いました。

家に遊びに行きたいです。楽しみにしています。

又手紙書きます。

さようなら

佳子

聞き取り及び代筆・寮母《りょうぼ》　西岡かほり

おばあちゃんは、その手紙を読んで、「はよ、よっちゃんのとこへ行きたい」と言っていました。

わたしも、七月に入ってから、よっちゃんに手紙を書きました。

よっちゃんへ

よっちゃん元気ですか?

わたしは、元気です。

この前、町のバレーの試合がありました。

わたしたちは、四チーム中、ゆうしょうしました。とってもうれしかったです。

よっちゃんたちのように、中学へ行ってバレー部に入って、けんの大会へ行きたいです。

この前くれた手紙のしつもんに答えます。

犬は、ざんねんだけど死んでしまいました。

何をしているかというと、さいきんでは、広告の紙でつぼなどを作っています。

またいくつか作ったら、よっちゃんにもあげます。

それに、もう少しで夏休みなのでたのしみです。

おぼんなどの休みには、早く家に来てね!

楽しみにしています。

また手紙かくね。

よっちゃんもへんじちょうだいね!

では、体に気をつけてがんばってね!

バイバイ。

光希より

早く、よっちゃんが、家に帰ってきてほしいです。

おばあちゃんもきっと喜ぶと思います。

■ どのようにしてこのつづり方ができたのか

◇「先生には、話すね」

平成十一年五月七日、中村光希さんの家に家庭訪問に行った。

光希さんのお母さんが、そのときこんなことを話してくれた。

「先生が、自分のことや家族のことをよく子どもに話してくれたり、通信にていねいに書いてくれますね。

私、家族以外の人には、話してないんやけど、先生には、話すね。私の妹のことなんやけど。

平成七年に伊勢道路で義理の弟の運転する車が事故を起こしてね。

助手席には、私の妹も乗っていたんよ。その事故で義弟は亡くなり、妹は、脳挫傷《のうざしょう》で脳幹がつぶれて、長いこと意識不明になってしまったんよ。

病院を、伊勢の慶応病院、久居の七栗病院と変わってね。今も、自分ではいろんなことができないので熊野にある病院にいます。子どもたちも連れてときどき見舞いに行ってるんですよ」

私は、中村さんが、こういうつらいことをよくお話していただけたなあと思った。

もう一つわかったことがあった。それは、保護者との懇談会で、私が、弱い立場にいる子どものことを話すと我が事のように中村さんが考えてくれていたことについてである。やはり、妹さんのことがあるからいっそう他人の心の痛みについてよく理解されていたんだと思った。

数日後、光希さんに、お母さんから叔母さんのことをうかがったことを伝えつつ、そのことを光希さんにも聞いてみた。光希さんは、いくつか話してくれた。

私は、光希さんに、

「もし、お母さんが、つづっていいって言うのなら、叔母さんのこと、つづってきやへんか。わからへんところは、おばあちゃんやお母さんに聞きながら」

と言った。光希さんは、

「はい」

と、うなずきながら小さい声で言った。

一週間ほどして、光希さんは、叔母さんが事故にあった日のことから、今、熊野の病院にいるところまでつづってきた。

そのつづり方をもとにして、私と共同推考し、そして、おばあさんに、お母さんに聞き取りをしてできた文章が、先にあげたつづり方である。

■なぜ、光希さんに叔母さんのことをつづることをすすめたのか

◇私の願ったこと

私は、光希さんのお母さんに家族以外の人には話したことがないことを話してもらったのに、そのうえさらに、なぜ、娘の光希さんに叔母さんのことをつづることをすすめたのか。

光希さんは、星屋叔母さんのことをどう思っているのだろうか、〈できれば隠しておきたい人〉と捉えているのだろうか、それとも、〈ここぞというときには、叔母さんのことを『わたしの大切な人』として話すことができる人〉として捉えているのだろうか、と思ったからである。

叔母さんや叔父さんのことを自分はどう思っているのか、そのことを認識しているのといないのとでは、光希さんがこれから生きていくうえで大きな意味や違いを持ってくる、と私は思う。

少なくとも、光希さんには、叔母さんに呼びかけ続けたおばあさんの姿、星屋さん自身の生命力、また、家族や親戚が一つになって叔母さんを見守っている姿に、深いところで共鳴共感していてもらいたいと思ったし、そして、これからも星屋さんの姿をじっと見守り続けていってほしいと思ったのである。

しかし、光希さんは、佳子叔母さんのことをつづってくると言った。私は、りっぱな子だなと思った。

光希さんがつづり方を持ってきたので、私はそれを光希さんと共同推蔵をしていった。そしてその中で、次のようなことを、私は光希さんに話した。

◆

私の父は、アルコール依存症で平成四年と五年の二度、阿児《あご》町鵜方《うがた》にある志摩病院に入院していた。二度ともおしめをしないといけない状態であった。父は、六十三歳だった。

父は、酒を飲まないと、「世界一すばらしい父」であるのに、酒が過ぎると外で喧嘩をしてきたり、帰ってからは母と喧嘩をしたりばかりだった。父が、四十歳にな

る前からである。それらは、年を重ねるごとにひどくなっていった。

父の荒れは、三十代のとき、台風が来るので大雨の中、船を陸に引き上げるのに右足を船に轢《ひ》かれて足首が一回りするという大きな事故に遭《あ》ったのがもともとのおこりだった。酒が好きなことももちろんあったが、それよりも、酒で事故の後遺症の痛みを消そうとしていたのであろう。

そんなことを、私は、大人になってから知ることになるのだが、しかし、まだ小学生だった私には、そういう事情は分かるよしもなかった。

だから、私は、小学生のときから、父に対して嫌悪感《けんおかん》を持ち続けていた。それでいて、父の帰りが遅いと、どこかで事故をしてはいないかと、帰るまでずうっと心配し続けていたのだった。

そんな父が、酒を飲むのを止めて、一年半ほどしたときである。

平成七年に父は口の中のガンで、度会郡《わたらいぐん》にある山田赤十字病院に入院することになった。六十七歳だった。それから退院するまで一年半というもの、父は、舌、口、顎、胃、心臓と、十回ほども手術を受けた。たいへんな苦痛だったに違いない。しかし、私は、そんな手術に向かう父の姿に、しばしばユーモアを忘れないたくましさを感じたのだった。

あるときなど、

「これから十数時間の手術があります」

と、迎えにきた看護婦さんに、父は、

「看護婦さん、もう最期かもしれんで、辞世《じせい》の歌を言うとくわ。

ひさかたの　光のどけき　春の日に
しづ《（ず）》心なく　花の散るらむ　紀友則《きのとものり》　」

と言って笑わせたりした。

再発した口の中のガンを取りのぞくための手術であった。それも、

「もうこれ以上は、手術はできません」

と宣告されての手術でもあった。なにしろ、繰り返された手術で、手、足、胸、背中は、火傷《やけど》の後にできるケロイド状の皮膚になっていたからである。

もう、これ以上手術をしても、移植する皮膚がないという、そんななかで手術室に向かう父の姿だったのだ。私にはなかなか真似ができないことだ、と思ったものである。

ひさしぶりに、しかもこのような場で、父らしい、おもしろくて大らかな姿を見たのであった。

その父も、平成十一年八月二十五日、静かに息を引き取った。

◆

そんな父の生き方を、私は光希さんとの共同推敲の中で話し、そして私自身のことも話しながら、光希さんに、叔父さん、叔母さんのことを考え続けていってほしいと願ったのである。

光希さんにだけでなく、私は、これらのことを学級で話し、そして、通信にも書いて、保護者に知らせていった。

■ 私が胸打たれたこと

◇「よっちゃん、よっちゃん」

星屋佳子さんは、事故から約三ヶ月間、意識が戻らなかった。

その星屋さんが、なぜ、意識を取り戻したのだろう。

まず、星屋さん自身の生命力の強さが、意識を取り戻したもとにあったはずである。

もちろん、医師、看護婦など、医療関係者の力があずかって大きかったことも間違いない。

だが、さらにもう一つ、毎日、自分の娘に、

「よっちゃん、よっちゃん」

と、名前を呼び続けたおばあさん（光希さんのおばあさん。星屋佳子さんのお母さん）の声、母から娘への懸命の呼びかけがあったことを忘れてはならないであろう。

寝たきりになっても、何も話せなくなっても、耳は最後まで聞こえるという。そのことを頼りに、そして、医者から言われた、

「私たちは、ずっと星屋さんを見ていることはできません。私たちにできることは、注射をうったり薬を与えたり、日に一度ぐらい見るのがせいいっぱいです。後は、

看護婦さんたちが、見てくれるぐらいでしょう。

どちらにしても、私たちは、ずっと星屋さんを見ることはできません。見られるのは、お母さんだけです。星屋さんのわずかな動きを見られるのは、お母さんだけです」

という言葉を守って、おばあさんは、星屋さんを見守り続け、呼びかけ続けた。

やがて、佳子さんが母親の声に反応するようになる。目が開き、口が開くようになる。しかし、目は開いても閉じないし、口は痙攣する。痙攣が強い場合は脳に負担がかかってしまうので、それを止める注射を打たなければならない。多いときで、一日に六本も打ったという。まことに厳しい状況であったのだ。

星屋さんは、二月の終わりに、脳の中にたまった水をぬく手術をする。それ以来、意識がますますはっきりとする。そして、気管支をふさぎ声が出るようになった。アイスクリーム、やわらかいご飯やおかずなども食べられるようになった。御家族の喜びが目に浮かぶようである。そして、車いすで少しはリハビリができるようになっていくのである。

三ヶ月も意識が戻らなかった人とは、とても思えない回復の様子である。

◇ 私がいただいた手紙

星屋さんは、今、熊野市のケアホーム熊南で治療を続けている。

その星屋さんの手紙には、

「家に遊びに行きたいです」

とある。

そして、光希さんは手紙に、

「おぼんなどの休みには、早く家に来てね！」

と書いている。私は、この言葉が、どんなにか、星屋さんを喜ばせたかと思う。

◆

私は、平成十年七月二十六日から十月八日までの七十五日間、山田赤十字病院に入院した。

頭を開き、脳腫瘍を摘出した。その後、放射線を二十七回頭にあてた。そのため、頭には、毛は一本もなくなった。今も、強くあてたところは、そのままである。

入院中に三回、抗癌剤の注射を二日続けて射った。退院してからも三ヶ月おきに、二日続けて射ち続けている。これからも続けてくださいと言われている。抗癌剤は、両刃《もろは》の剣である。悪い細胞をたたくかわりに、いい細胞もたたいてしまう。副作用もある。

私は、迷いつつも、医者の、

「また、頭を開くのは、いやでしょ」

という言葉にうなずかざるをえないという感じで過ごしている。

私は、退院後、次のような手紙をもらった。手紙の一部を載せさせてもらう。

三学期から復帰する前に、十二月四日に研究会があったので、それに出席し、そして、短く提案をさせてもらったときのことが書かれてあった。

……

今日は元気に回復された池田先生にお会いすることができてほっとしました。

突然の入院、数ヶ月の治療、辛い日々を過ごされたことと思います。遠くより「がんばって下さい」と祈るような日々でした。

そんな中でも子供達のことをいろいろ気づかった手紙をいただき、ありがとうございました。

運動会の案内状を配っているとき、息子が神社の前で立ち止まって手を合わせているのでどうしたのと聞いたら、

「池田先生が早くよくなるように祈っとるの…」と言うのです。

何か胸が熱くなりました。

……

十二月四日

池田先生へ

貴史《たかふみ》　母より

いたずら好きの貴史君が祈ってくれている姿を想像して、くすりとなるのだが、たいへんうれしい手紙だった。

次の保護者からの手紙は、便箋六枚にびっしりと書か

れてあった。五年生が終わろうとする三月十三日にもらった。


……

先生には、御自分のこともしっかり大事にして、本当に元気になってほしいし、少し年下の私が言うのは失礼ですが、長生きして下さい。

……

小川美由紀《みゆき》

長生きして下さいと書かれ、どきっとした。まだ、生きていたい、生かしてほしい、と私は病院で何度も思ったからである。今もそうである。

自分のじたばたとする心をみられているかのような気がしたからでもある。

しかし、ほっと息をついた。

そこまで、心配してくれて、気持ちを寄せてくれることに温かいものを感じたのである。

これも、うれしい言葉だった。


次の手紙は、尊敬する先生からいただいたものである。


……

復帰されても、少しでも調子が悪いと感じられたら、必ず、すぐに休んでください。我が儘なことのようですが、我が儘は、せいいっぱい言われること。我が儘を言うことは、後日、先生の教育活動を稔りあるものにするために、そして、他の人の我が儘を考えることができる点で大事なのです。

最終的に川岸を渡ること、つまり教育活動をやりとげることが大事なので、今、川を真横に泳ぐことが大事なのではありません。

ご自愛を切にお祈りいたします。

……

平成十年十一月十五日
吉田　正彦《まさひこ》
池田　雅治先生

職場で、「我が儘を言う」ということ。「後日、他の人の我が儘を考えることができる」からということ。

「今、川を真横に泳ぐことが大事なのではない」ということ。

「教育活動をやりとげることが大事なのだ」ということ。

吉田先生の書かれたこの三つの言葉は、どんなにか私の気持ちを和らげてくれたことだろう。

◆

私には、佳子さんの手紙の「家に遊びに行きたいです」という言葉が響いている。そして、その佳子叔母さんにつながろうとする光希さんの「早く家に来てね！」という言葉が心に迫る。

■ 光希さんの暮らしをつづったものに自分の暮らしを重ねて

クラスの子たちは、光希さんの暮らしをつづったものに自分の暮らしを重ねてつづり、話していった。

光希さんの、おばあさんへの手紙も含めて七編載せる。

津《つ》にいるぼくのおばさんも交通事故にあった。
おばあさんとお父さんが、すぐ、津にある三重大学病院に行った。
初め、おばさんは、意識がなかった。
おばあさんも光希さんのおばあさんのように名前を呼んでいたのかなあと思った。
でも、家のおばあさんは、つきそいはしなかった。
つきそいは、おじさんとかおばさんの高一の息子さんたちが、毎日つきそっていた。
ときどき、おばさんが、
「家に帰った」
とか、
「どっかへドライブに行った」
とか聞く。そういうときは、
〈おばさん、元気になったなあ〉
と思う。でも、まだ、記おくがはっきりしないところがあるらしい。
ぼくのおばさんもそうだけど、みつきさんのおばさんも早くよくなってほしい。

（中村　耕《こう》）


　ぼくもお母さんの車に乗っていて事故にあった。

　お母さんの車は、軽自動車だ。

　七月に、お母さんが、いねむりをしてしまい、電柱にぶつかってしまったのだ。

　けっして、お母さんが、悪いわけじゃない。お母さんは、つかれていたのだ。

　ぶつかったとき、ぼくは、助手席にいた。背もたれを全開にたおし、後ろ向きでまんがを読んでいた。和具《わぐ》のヤマサンスポーツの前の電柱のところで、ドンと音がした。

　ぼくの体が少しういた。少し気を失った。なんだか遠くから、

「大規《だいき》、だいじょうぶ、大規？」

と、声が聞こえた。起き上がると体がいたい。

「大規、ごめん、事故してしもた」

と、お母さんの声が聞こえる。

　呼吸をしようとしてもできない。

「カハッ。コホッ」

と、息をしようとするができない。

　まずドアを開け、外に出た。しばらくして、呼吸ができるようになった。事故の後、しばらくは、くちびるが真っ青で顔色も悪かったらしい。家に帰った後は、食欲ががくっと落ちた。でも、これくらいのことは、佳子さんのじょうたいに比べたら何でもないことだ。

　佳子さん、これからもリハビリがんばってください。


（磯和《いそわ》　大規《だいき》）


　よっちゃんは、意識のなかった三ヶ月もの間、いろんなことがあり、三ヶ月後、意識がもどったという。そこがいちばん印象に残った。

　わたしの家はちょっと違うけど、わたしの大《おお》ばあ

さんが、かなり長くねたきりで、何もできない状態だった。

わたしは、いつも大ばあさんにご飯を食べさせてもらっていたようだ。よく、大ばあさんにだかれてもいたそうだけど、ほとんど記おくにない。

でも、ねたきりのときの大ばあさんは覚えている。

大ばあさんが、ご飯を食べるとき、おばあさんが、スプーンを使い下くちびるを二回ぐらいたたくと、大ばあさんは、口を少しずつ開けて少しずつ食べた。わたしも大ばあさんにごはんを二口ほど食べさせたことがある。お茶も数てき飲ませたこともある。けど、お茶を飲ませるときは、とてもむずかしい。量もどれくらいか分からないからむずかしい。だから、ほとんど、おばあさんが食べさせてくれた。食べるものは、いつもおかゆだ。昼は、ヨーグルトなどを食べていた。

食べ物が、いらないときは、いつも口から出してきた。〈もう、いらんのかな〉と思うときもあった。

そんなとき、わたしは、大ばあさんに、

「今日は、ちょっとしか食べんかったね」

と言うときもあった。

大ばあさんは、一人で何をすることもできないので、おふろは、ヘルパーさんが来てくれて入れてくれていた。そのおふろは、ビニールのおふろで電動でふくらませていた。おふろからホースをつないでプールのようなおふろに入っていた。おふろに入り終わるといつもヘルパーさんや私たちが、

「さっぱりしたねえ」

「気持ちいいやろ」

と言っていた。大ばあさんは、そのときは、いつも気持ちよさそうな顔をしていた。

でも、わたしが小学三年生のときに八十六さいでなくなった。そのとき、とてもかなしかった。

（小川　恵里佳《えりか》）


この作文で光希ちゃんが、よくこんな大変な内容を書けたなあと思った。わたしだったら書けなかっ

ただろうなと思った。

わたしが、一年か二年のときである。

お母さんが、手術をしたことがある。子宮《しきゅう》にできものができて、それが、がん細ぼうかもしれないので、それを取りのぞく手術をするということだった。

お父さんとお母さんと二人で病院に行った。お父さんとお母さんは、帰ってくる予定の時間より何時間もおくれていたので、兄と二人で心配していた。

「まだかなあ」

「だいじょうぶかなあ」

と、二人で言い続けていた。

その日の前日も、

「前に、ますいがかかったときに何も言えんで、すごくこわかった。あんたが、たよりなんやからちゃんとしてな」

と言われた。わたしは、何回も、

「ますいがかかったら、どんな感じなの」

ときいていたら、

「こわいのは、お母さんなんやから」

とおこられた。それから、二人とも何も言わなかった。わたしは、心配だった。こわかった。

二人が帰ってきたとき、お母さんは元気がなかったけど、何とかだいじょうぶそうだった。

わたしは、すごくほっとした。

光希さんの作文を読んで、これからもお父さんとお母さんが、健康で仲良くしていてほしいと改めて思った。


（太田　彩《あや》）


ぼくのおじいさんは、ぼくが一年のとき、畑小屋の屋根から落ちました。下は、コンクリートでした。頭をけがして手術をしました。いたかっただろうなあと思います。

光希さんのおばさんの星屋佳子さんも、この作文を読んで、ぼくは、とてもかわいそうだなと思いました。

佳子さんは、平成八年の二月の終わりごろ、頭にたまっている水をぬく手術をしてから、意識がますますはっきりし、気管支をふさぎ、声が出せるようになりましたと書いてあります。ぼくは、よかったなあと思いました。

　ぼくのおじいさんは、まだ、左うで左足が思うように動かないけど、とても元気です。佳子さんもがんばってほしいです。

（中村　隆《りゅう》太《た》）

私《わたくし》は、四年生のときに、お父さんをなくしました。光希さんも、私と同じように、事故のことやおじさん、おばさんのことを思い出すと、かなしい気持ちになると思います。

　私は、いつになっても、お父さんのことは、忘れられません。光希さんも、なくなったおじさんのことを忘れられないと思います。

　光希さんのおじさんが、若いのになくなってしまうなんてかわいそうだと思いました。

私のお父さんも光希さんのおじさんも死んでしまわなければいいのにと、何度も思いました。

　光希さんのおばさんは、けいおう病院に救急車で運ばれて、その後、三ヶ月間も意識不明でした。一月の終わりごろに手をにぎったり開いたりできるようになりました。ほんとうによかったなあと思いました。二月の終わりに頭からたまった水をぬく手術をすると少しずつやわらかい物を食べれるようになったのですね。よかったね。

（切本《きりもと》　実《み》香《か》）

光希さんは、おばあさんにこんな手紙を書いた。

おばあちゃんへ

　よっちゃんの作文を書いてみて、ほんとうにおばあちゃんはすごいと思いました。

　おばあちゃんは、よっちゃんが、意識がないときも、名前を呼び続けました。

　おばあちゃんが、呼び続けたから、よっちゃんは、意識をとりもどしたとわたしは思います。
よっちゃんのことでいろいろと聞くと、思い出したらかなしいはずなのに、わたしに快く話してくれました。
ありがとう。
おばあちゃんをみならいたいです。
（中村　光希）

光希さんにしてみると、叔母さんのことをつづることは、つらいことだったに違いない。しかし、つづることによって、光希さんは、佳子さんという人間に、そして、おばあさんという人間に触れるという貴重な体験をすることができたのだと思う。

そしてまた、光希さんがそれらをつづり、語ったことで、クラスの子どもたちも、光希さんの世界を理解しただけでなく、自分の暮らしを語り、改めて自分自身が触れてきた人々への思いを深くするという貴重な体験をすることができたのだと思う。

互いが、言葉だけではない、心の底からのつながりが生まれているに違いない。

【一九九九年十月】

きずあと

■ 拓郎《たくろう》君のつづり方

五月に入ってから、放課後、拓郎君が一人で教室にいたとき、こんな話をした。

「拓郎、あんた、今、気にしていること、あるか」

「ないよう、先生」

「前には、あったかい」

拓郎君は、しばらく考えていた。

「あった。心臓の手術をしたときの傷痕《きずあと》のことで気になっとった」

「今は、どうや」

「今は、何も気にならんよ」

「ふうん。……。じゃあ、そのこと、つづれるね」

「はい」

拓郎君は、一週間後、お父さんとお母さんに聞いたことも入れて、手術の前後のことを書いてきた。

私は、それを読んだ後、いくつか、拓郎君に尋ね、そして注文した。

① 「傷痕の大きさを書くといいよ」

② 「心臓のどこが悪かったのか、いつ、その悪いことを知らされたのか、聞いて書くといいね。拓郎に伝えることを、家の人はどう思っていたかも聞い

て書くといいね」

③「お父さんと妹はどんな割合で病院にお見舞いに来てくれていたのか、書くといいよ」

④「同じ病室にいた子に、手術に行く前、何か言われたことがあれば、書いておくといい」

⑤「その傷痕のことで、気になっていたことを、家の人に話したことがあるなら、そのことも書いた方がいいよ」

「そのとき、家の人から、どんなことを言われたのかも、書いておくといいよ」

⑥「退院してから、つらかったこと、うれしかったことをよく思い出して書くといいね」

拓郎君は、よく思い出しながら、書けるところを書き、わからないところは、お母さんに聞いて書いていた。

五日後、持ってきたつづり方をもう一度、思い出し直し（共同推敲）をして、つづり方を仕上げた。

◇

きずあと

五年　松本　拓郎

ぼくには、のどの下からへそに向けて真っすぐに十九センチの手術のあとがある。心ぞうの手術をしたときのきずあとだ。

はばは、〇・五センチのところもあり一センチのところもある。

表面は、つるっとしている。

◇

ぼくは、生まれてから心ぞうが悪く一ヶ月に一度のわりで、松阪《まつさか》の市民病院につれていってもらっていた。

保育所のときには、運動場で友だちと追いかけっこをするとすぐいき切れした。なわとびや水泳やマラソンなどは、〈ぜったいにしてはいけない〉と医者から言われていた。

保育所の運動会では、保母さんから、〈かけっこはやめておきましょう〉と言われて、かけっこには出られなかった。

　ぼくが五さいの春に、医者から心ぞうにくだを通して心ぞうの様子を調べる検査をするかどうか決めるよう、お母ちゃんたちは言われた。

　検査の結果、心ぞうのかべにあなが開いていることがわかった。

　それで手術をするために、一年生の七月十八日に津にある三重大学ふぞく病院の胸《きょう》部《ぶ》外《げ》科《か》に入院した。

　入院してから、お父ちゃんとお母ちゃんは、ぼくに心ぞうの悪いことを話そうかどうかまよっていたそうだ。それは、心ぞうのことや手術のことを話すと、ぼくが、こわく感じて、手術をしたくないと言ったりするのではないかと考えていたようだ。

　しかし、かん護婦さんから、

「子どもなりにわかると思います。手術のことも話してあげてください」

と言われた。そこで、お父ちゃんとお母ちゃんは話し合って、お母ちゃんはよう言わないから、お父ちゃんが、ぼくに心ぞうのことを話してくれたのだった。

「拓郎の心ぞうのかべには、あなが開いているんだよ。手術でそれをふさいだら、その後は、どんな運動でも遊びでもできるよ」

　手術でそのあなを特別なものでふたし、ぬうということだった。

　ぼくは、話を聞いても別にこわくはなかった。何も分かっていなかったのだろう。

　入院した日から、レントゲンをとったり、心ぞうの様子を調べたり、血をぬいたりした。

　血液検査で血をぬくとき、ぼくはあばれまくるので、三人ぐらいのかん護婦さんにおさえられていた。

　お母ちゃんは、毎日、ぼくについていてくれて、ぼくと同じベッドでねてくれた。ぼくが、下に落ちるといけないので、ぼくを、かべ側にねさせてくれた。

　お父ちゃんは、妹の彩《あや》といっしょにほとんど毎日病院に車で三時間くらいかけて来てくれた。

妹は、その間、ずっと保育所を休んでいた。部屋に来ると、つきそいの名ふだをつけて手伝いをしてくれていた。

病院のごはんは、どんぶりにいっぱいもってあって、お母ちゃんに半分取って食べてもらった。でも、お父ちゃんが、さしみとか焼いた牛肉とかぼくの好きなものを持ってきてくれたときは、ごはんはみんな食べた。お父ちゃんは、今は農業だけをしているけど、その前は、コックをしていたからお父ちゃんのつくった料理はうまかった。

同じ病室には、四さいの女の子と三さいの男の子と一さいの女の子がいた。

四さいの女の子は、二回目の手術で入院していた。

三さいの男の子は、ぼくの手術の四、五日前に手術をしていた。あるとき、その子が着がえていたとき、むねのあたりが見えた。そしたら、のどの下からおなかのあたりまで、横が三センチたてが二センチくらいの茶色のテープがたてに真っすぐ何枚もはられていた。手術がたいへんだったんだなあと思った。

でも、そのときは、ぼくが、その男の子とよくにた手術をするとは思わなかった。

一さいの女の子は、四つの部屋がある心ぞうに二つの部屋しかなかった。

手術の一日前には、飲み物を飲んだりしてはいけなかった。だから、のどが、からからになってとてもつらかった。そんなとき、お母ちゃんに、氷のしずくをすわせてもらったり、ガーゼをしめらせて水をすわせてもらったりした。

七月二十四日、とうとう手術の日になった。

病室を出ていくとき、三さいの男の子が、

「がんばってね」

と言ってくれた。

お父ちゃんたちも言ってくれた。

手術室に入ったとき、まるでUFO《ユーフォー》（未確認飛行物体）の中みたいだなあと思った。

その後、ガスをすってねむってしまった。

手術は、五時間ほどかかると言われていたが、八時間かかった。

そんなこともあり、ぼくが、手術をしている間中、お父ちゃんとお母ちゃんは、

〈まだかな。まだかな〉

〈大じょうぶかな。大じょうぶかな〉

と思って待っていたそうだ。

手術が終わって、お母ちゃんたちが、医者から話を聞いたとき、心ぞうのかべのあなが、思ったよりも大きく、直径五ミリのあなが開いていたことと三十分ぐらい心ぞうが正常にもどらなかったことを知らされたらしかった。

ぼくが、目を覚ましたら、体じゅうがいたかった。点てきもしていた。首を下に曲げると、ビニールの細いくだが見えた。よく見てみると、くだは、ペニスに通してあった。くだは、切れないはさみのようなもので止めてあった。小便をしたくなると、かん護婦さんに言って、そのくだをゆるめてもらった。そうすると小便ができた。

ねているときにうでを上にあげようとしたら、うでがいたくて動かなかった。

リカバリー（集中治りょう室）には、二十四時間入っていた。

リカバリーから病室に帰って二、三日は、動けなかったので、頭の後ろにウズラのたまごぐらいの大きさのこぶが二ヵ所できた。先生にきくと、

「とこずれです」

と言われた。

一つは、消えたけれど、もう一つは、直径二センチくらいの大きさの円の形で、今でも毛がはえてこないでいる。

起きてもいいようになって、ごはんのとき、起きようとすると、きず口がいたくてなかなか起きられなかった。

でも、その日は、やわらかいごはんが食べられた。おいしかった。ごはんに、お父ちゃんが持ってきてくれたさしみをのせて食べた。とてもおいしかった。

小便をするときのくだは、病室ではずしてもらった。はずすとき、とてもいたかった。

一週間ぐらいしたら、うでがあがるようになった。動けるようになったら、元気も出てきた。きずあともしっかり固まってきてから、シャワーがあびられるようになった。

おふろの中でぼくは、お母ちゃんに、

「このきずなおるん?」

ときいた。

お母ちゃんは、

「みい子ねえちゃん(東岡《ひがしおか》美佐子《みさこ》さん、お母ちゃんの妹)が、手術でそのきずけす方法あると言ってたよ」

と言った。ぼくは、

「へーえ。そうなん」

と言った。

それもいいなと思った。けど、また手術をすると、その後、体じゅうがいたかったり、うでが上に上がらなかったり、いたい思いをしてペニスからくだをぬいたりしないといけないかもしれないと思うと手術をするのをやめようと思った。べつにどこかが悪いわけではないからだ。

そのとき、お母ちゃんは、

「拓郎は、生きるか死ぬかの手術をしたんよ。手術がうまくいって悪いところがなくなって、こんなに元気になったやろ。きずあとは、気にはなっても、気にせんようにしよな」

と話してくれた。

八月十六日、やっと退院の日がきた。

その日、病室にぼくのたんとうの先生(医者)が来て、家で注意をすることを教えてくれた。その後、ぼくは、まずいちばんに、

「ジェットコースターに乗ってもいいですか」

ときいた。先生は、

「もちろん」

という返事だった。

「オリンピックにも出られますよ。もう何でもできるからね」

とも言ってくれた。

◇

退院してから、一年間は、運動などは無理をしな

いで過ごしていた。

　二年生の学校水泳では、みんな服をぬぐので、ぼくも服をぬいだ。

　きずあとを見せなければならなかったけど、たん任の竹田先生がみんなにぼくの心ぞうが悪かったことや大変な手術を乗りこえてきたことやきずあとのことなどを話してくれていたので、みんなは、いつもと同じように接してくれた。きずあとを見せることや見られることにはだんだんなれていった。

　その夏に、ティーシャツのえり首がのびて、首が大きいめのものを着ていると、むねとシャツの間からむねのきずあとが見えた。それを見て、

「そのきず、なとしたん?」

ときいてくるクラス以外の子もいた。ぼくは、何か言おうと思っても、何にもよう言わずだまっていただけだった。

　ある日、むねのきずのことでまた何かきかれたとき、いっしょにいたクラスの秀太《しゅうた》君が、

「拓郎君は、心ぞうの手術をしたので、むねの前にきずあとがあるんや」

と話してくれた。あのように話すといいんだなあと思った。それからは、むねのきずのことをきかれたときは、自分で話すようにしてきた。

　今、プールや海にいても、むねのきずをかくすことはない。

　夏休みに入って、四年生・五年生・六年生の何人かで、すもうをやっているが、むねのきずをかくすことはない。

　見られても平気になっているというより、泳ぐことやすもうをすることに夢中で、わすれてしまっている。

　なによりも、すぐいき切れするということはない。学校で、体育の時間、手術する前は、運動場を一周するとすぐいき切れしたけど、手術した後は、いき切れが少なくなった。

　お父ちゃん、お母ちゃん、彩、ありがとう。

■拓郎君が励まされた言葉

私は、拓郎君が今年五年生になって、担任した。

初めて彼の胸の、縦に真っ直ぐ十九センチもある傷痕を見たとき、どきっとした。大変な手術だったんだなあと思った。

しかし、拓郎君のつづったものを読んだとき、彼が、ほぼ一ヶ月の入院ですんだことがわかった。傷痕のことを考えると比較的楽にすんだんだなあと思ったりした。

退院するときには主治医から、

「オリンピックにも出られますよ。もう何でもできるからね」

と、太鼓判を押されたというが、そのとおり、とても元気である。

私たちの志摩地方は、相撲の盛んなところで、五月には、志摩相撲連盟主催のわんぱく相撲大会があるし、夏休みには伊勢相撲連盟の主催する神宮奉納相撲大会があるし、十月の町民祭にも町主催の相撲大会がある。学校でもそれらに向けて体育の時間や放課後や夏休みの朝に練習をする。拓郎君も練習に参加し、それらの大会に出場したりした。

体育の時間に、相撲の練習をした。私は、彼を胸で受けとめたが、その当たりの強さには驚かされた。彼は、足がそろったり、腰が立ったりしがちなのだが、それでも、腰は重く、横からの押しにも投げにも耐えるのである。保育所のとき、なわとび・水泳・マラソンなどぜったいだめだった子どもだったことを思うと、その元気さに、私はまた驚いてしまう。

とはいえ、心臓のかべに五ミリの穴が開いていたこの病気の手術は決して楽なものではなかったに違いない。そのことを、私は彼のお母さんの手紙から知ることができた。

「……

この病気は、成長とともに穴が塞がる子供もいれば、身長・体重が伸び悩み観察治療中に手術が早まる子供もいます。

どうしても、動脈の血中に十分酸素が行き渡らないので、数々の合併症《がっぺいしょう》が起こって来るのです。〈ケイレン・気管支炎・ゼンソク・肺炎…等〉です。その上に〈チアノーゼ〉※が始まったら致命的です。手術する前は、そのような恐れがあったわけです。

私達だけではなく毎月の診察に行くと、どの家族も日常生活の中に《紙一重《かみひとえ》》の世界が存在していました。だから、一つの《いのち》を守るために私達は真剣そのものでした。

……

私達も拓郎が先生方や友達と楽しく学校生活を過ごしている様子を見ていると本当に手術をしてよかったと思います。

……」

拓郎君は、手術後あらためて胸の傷痕を見たとき、考えてしまう。そして、お母さんに尋ねる。

「このきずなおるん?」

彼は、お母さんから、手術で傷痕をけす方法があることを知らされる。しかし、手術をするということは、手術後体が痛かったり、腕が上に上がらなかったり、ペニスから小便のための管を痛い思いをしてぬかないといけなかったりすると思うと、手術をするのはやめようと思うのである。

そんなとき、拓郎君がお母さんから聞く言葉は温かい。

「拓郎は、生きるか死ぬかの手術をしたんよ。手術がうまくいって悪いところがなくなってこんなに元気になったやろ。きずあとは、気にはなっても、気にせんようにしよな」

拓郎君は、このお母さんの言葉が、いちばん心に残っているという。

「拓郎は、とても大きなものを乗り越えてきたのよ。だから、それに比べれば、傷痕などは小さいことよ」

と、お母さんは言うのであろう。

「命」と「きずあと」とを比べ、「命」の大切さを思って「きずあと」のことは気にしないようにしようという、これは、我が子を気遣い、励ます言葉なのであろう。

【注】

※チアノーゼ…動脈の血中に十分酸素が行き渡らないため

に、くちびるや皮ふなどが青黒くみえること。けいれんのときに起こるチアノーゼは、約一分間くらい続く。けいれんがだんだんおさまり、それがやむと、こんどは息《いき》が一度にはき出され、泡《あわ》を吹いたように見える。呼吸が回復してくると、意識をなくしたまま目覚《めざ》めなくなる。二十分から二、三時間後に眠《ねむ》りから覚《さ》める。けいれんをくり返していると、学力の低下や作業をする能力の低下をまねき、ひいてはそれが社会生活への影響《えいきょう》となってあらわれてくることもある。

　ただし、きちんと治療《ちりょう》を続けておれば、社会生活に支《し》障《しょう》が生《しょう》じることはまずない。（『最新　家庭の医学百科』〔主婦と生活社〕による）

■私が拓郎君の暮らしに重ねたこと

　私の左膝にも手術で切った傷痕がある。

　私は、平成八年の一月六日にスキーでジャンプをし、その着地時、左膝靭帯《じんたい》を二本切ってしまった。切ったその靭帯をつなぐために膝の皿のまわりを切って手術した痕である。

　痕は、左膝の皿の右側にそって十五センチ、さらにその右横に六センチ、皿の左側に六センチある。幅は、三本とも三ミリから五ミリ、おまけに、その痕の上に一センチごとに二センチから三センチの縫った痕まである。見た目には、肌色のむかでが三匹いるようなものである。

◇

　けがの二日後の一月八日、伊勢の山田赤十字病院に入院、十二日に内視鏡で膝の中の様子を調べ、十九日に靭帯を二本つなぐ手術をした。

　手術後、左足のアキレス腱から太ももいっぱいにギブスをまいた。このため、退院のときはおろか、退院後もなかなか松葉杖が離せないことになった。

　二十日ほどして一度ギブスをとりかえたが、そのとき、左足を見たら、あまりに細く弱々しくなっているのでびっくりした。

　四十日後、今度は、リハビリが始められるようにと、ギブスを切って外すことになった。

　まず、ギブスの右横（内股の側）を、下から上まで、電動の丸鋸《まるのこ》のようなカッターで切った。整形外科の若い医師が、思った以上に速く切っていくので、私は、ギブスの下の足まで切られるのではないかと、ひやひやのしどおしだった。次いで、左横（外側）も同じように切ってから、前（膝の方）半分のギブスを取り外した。残った後ろ半分のギブスの中に現れた左足は、ますます細く、青白くなっていた。この細く、弱くなった足を保護するために、ギブスごと下から上まで包帯がまかれた。

やがて、左膝の機能回復訓練が、まず、部屋のベッドの上で始まった。ベッドに置かれた高さ四、五十センチほどの四本足の頑丈そうなその器具は、てっぺんにビニル製の小さな鞍部があって、患者は寝転んだ姿勢のままそこに膝を乗せる。そして、垂らした足先を、器具の下の方についているマジックテープでとめる。

器具の横面には、自分が曲げようと思う膝の角度を設定するスイッチがあって、望みの角度を決めスイッチを入れると膝はしぜんに曲げられたり伸ばされたりするという仕組だった。その器具に包帯を外して裸にした左膝を乗せて、四六時中動かしているのである。乗せないのは、ご飯を食べるとき、トイレに行くとき、ふろに入るとき、眠るときだけだった。尤も、膝が固まっていかないように眠るときも左足を乗せて動かしていなさいと医者から言われたけれど、四、五日はやったものの、続かなかった。動かしていると眠れないのである。

そのうち、その器具をほかの患者も使うようになったので、止めてしまった。

一方で、一階のリハビリ室にも出かけるようになった。ギブスをつけたまま、松葉杖で階段を下りてリハビリ室に入り、そこの畳の上で包帯を外す。そして、まず足を十分《じゅうぶん》保温してから、十分間揉みほぐしてもらうのである。久しぶりに刺激を加えられるのは気持ちが良かったが、しかし、膝の皿は、ほとんど動かなかった。揉みほぐしは、二週間ほど続いた。足は、内側に八十度しか曲がらなかった。

六十日目に入ったときのことである。

その日は、朝十時に細井整形外科部長の一週間に一度の回診があった。六人いる部屋で私の番が回ってきたときである。包帯を外した、細く、弱々しい私の足を見ていた部長さんは、大川さんという若い医者に、

「池田さんは、手術してから何日たった？」

と尋ねた。大川先生が、

「ちょうど六十日です」

と答えると、

「それならいいな」

と言い、

「池田さん、うつぶせに寝てみて」

と言った。私が、指示通りにすると、今度は、

「足を曲げてみて」

と言った。左足を曲げて臑《すね》を立てると、部長さんは、私のその足を自分の肩にあてて、私にかぶさるように乗って体重を一気にかけてきた。途端に〈グジュグジュ〉と音がした。あまりの痛さに、思わずウウッと声が出た。足が折れるのではないかと思った。

足曲げは、三度繰り返された。三度目にも音がした。私は、その間、

「ウーー」

と言っているしかなかった。部長さんは、

「音がした。よしよし」

と言い、

「聞こえたやろ」

と言った。周りの看護婦にでも言ったのであろう。

「音がすれば、固まっていたものが少しはがれたということや。

池田さん、少しは動きようなったと思うよ。明日からは、リハビリ室でも、足を曲げてもらうようにしなさい」

「はい。ありがとうございました」

悪かったが、私はうつぶせのまま答えるのがせいいっぱいだった。

部長さんは、

「よし、次行こ」

と、部屋を出ていった。

同じ部屋の人が、

「池田さん。えらい気持ち悪い音、したぞ。大丈夫か？」

と尋ねてくれた。

「はい」

と答えたものの、私は、うつぶせになったままだった。

痛みがひかず、昼ごはんも残して、同じ病室の人に食

器棚へ返してもらった。

午後三時ごろから痛みが少しずつひいていった。

起き上がって、膝をゆっくり曲げてみると、九十度ぐらいまで曲がるようになっていた。痛かったけれどうれしかった。この調子でいけば、もしかしたら、考えていたよりも早めに膝が曲げられ、もとのように歩けるのも早まるかもしれないと思った。

しかし、次の部長回診まで一週間、リハビリ室で曲げてもらったが、一向に曲がる気配がなかった。膝の中の固まっているもののはがれる音もしなかった。

私は、がっかりした。これは時間がかかるぞ、と思った。

そして、回診の日、私は、部長さんにまた曲げてもらえると思い、痛いけれども我慢しようと待っていた。私の番になり、部長さんが、私の膝の曲がる角度をみて、

「変わってないな。池田さんは、リハビリ室に行ってるね?」

と、大川先生に尋ねた。大川先生が、

「はい」

と答えると、それだけで出ていってしまった。私は、気抜けした。

次の回診まで、またリハビリ室で曲げてもらい続けたが、やはり曲がりは少なかった。確かに、リハビリ室では九十五度ぐらいになるときもあった。しかし、喜んで病室に帰って足を曲げてみると、また九十度ぐらいにもどってしまっている、そんな繰り返しだった。その都度私は、ため息をついていた。

そして、次の部長回診のとき、決心して、部長さんに、

「先生、この前のように足を曲げてください」

とお願いした。

すると、先生は、にこっと笑った。回りにいた人たちもにこりとして顔を見合わせた。

私は、あれっと思った。患者が部長にお願いするのはいけないのかなあと思った。

部長さんは、私の肩をなだめるようにとんとんとたたいて、

「ゆっくりリハビリの先生に治してもらいなさい」

と言って出ていった。

その日の夕方、ナースステーションの前で、看護婦さ

んに、

「この膝、どれくらいでしっかり曲がるようになるのかなあ?」

と尋ねたら、

「ギブスをまいていた期間の、倍かかるらしいよ。池田さんの場合は、二ヶ月半以上まいとるから、五ヶ月はかかるやろね」

と言った。五ヶ月もこんなことを続けるのかと思うと、私は気持ちが沈みそうになった。そんな様子がわかったのか、看護婦さんは、

「池田さん、あわてんとな。必ず足曲がるようになるよってね。それにしても、私、今日、びっくりしたよ。私、ここに長くおるけど、あの部長さんに、『もう一回、足曲げて』と、患者さんが言うの聞いたの、初めてよ。私、池田さん、見直したわ」

と言った。

ああ、それで、部長さんが笑ったり、ほかの人たちが顔を見合わせたりしたのかと思った。

しかし、膝が曲がっていくのは、本当にゆっくりだった。いやになるほどゆっくりだった。

毎朝十時にリハビリ室に行く前に、患者用の畳のあるリハビリ室で自分でできる範囲のストレッチをし、そして、「正座の形で体重をかけて足を曲げる練習」を五十回ほどした。左膝の皿の回りの揉みほぐしもした。それから、リハビリ室で足を曲げてもらうのである。午後四時ぐらいから、また患者用リハビリ室で足を曲げる訓練をした。

リハビリの先生に足を曲げてもらうときもそうだが、自分で訓練するときも、息が止まるほどの膝の痛みをこらえて体重をかけるのだった。

そうこうしながらも、退院するころには、左足の曲がり具合は、ようやく百二十度近くになっていた。

三ヶ月近くたった三月三十日に退院した。

その後、四月の末近くまで毎日、近くの志摩病院に、妻に車に乗せてもらって足を曲げてもらいに通った。足の曲がりは、百三十度近くまでになった。

しかし、伸ばすのがうまくいかなかった。真っすぐ伸びないのである。左膝が、やや「く」の字の形になって

いるのだ。リハビリの先生に、

「時間がたてば、足も真っすぐ伸びるようになるでしょうか」

と尋ねても、

「うーん。わかりません。努力します」

と言うだけであった。

ああ、足は、もう真っすぐには伸びないのかなあと思った。

山田赤十字病院では、真っすぐに伸ばすという訓練をしなかった。志摩病院ではやってくれるのだが、繋いだ靱帯がもし切れたらたいへんだというので、そうっとやるばかりであった。当然、膝が伸びるということはなかった。

私は、思いきって、十年前に右足半月板をけがしたとき入院していた津の〈小山整形外科病院〉の先生にみてもらおうと思って出かけていった。

小山先生は、私の左足を軽く動かした後、両足の膝のレントゲンを見ながら、こんなことを話してくれた。

「池田さん、レントゲン見てもらったらわかるでしょ。右足に比べて、この左足、筋肉がついてないのはもちろん、骨までやせて縮んでしまっているよ。膝が曲がるのは、いいところまできているので、曲げられるよ。しかし、伸ばすのは、無理かもしれない」

と言い、

「ところで、この池田さんの足につけている装具、これからもつけていくんですか」

と言った。私が、

「あと二ヶ月は装具をつけてください、と言われています」

と答えると、先生は、

「ええ！　今でも、この足、曲げる伸ばすが十分でないんだよ。この装具をつけ続けていたら、ますます足の筋肉も骨も縮んで、歩けなくなりますよ。池田さんがいいと思うなら、このままこの装具をつけて今の病院で訓練をしていったらいいけど。それは、池田さんにお任せするしかないことですから、池田さんが決めてください」

と言った。私が、

「先生、先ほど言われた足を伸ばすのは無理というのは、一生、足を伸ばすのは無理ということですか」

と尋ねると、先生は、

「はい」

と、私の膝をさすりながら小さく答えた。私が、

「治していただけるでしょうか」

と尋ねると、

「がんばってみます。そのかわり、もう装具ははずして帰りなさい。靭帯は、しっかり繋がっているからね」

と言われた。

「はい」と答えて装具ははずしたもののおっかなびっくりで、左足をゆっくり床につけるのもためらわれるほどだった。それでも、どうにかこうにか、左足を引きずるようにしてゆっくりゆっくり歩いて、車に乗った。

五月一日に入院し、鍼《ハリ》治療、ストレッチ、自転車こぎ、プール歩行、足の曲げ伸ばしを続けた。

七月に入るころには、足を曲げるとぎりぎりかかとがお尻につくようになった。伸ばす方は、真っすぐに伸びるとまではいかないけれど、くの字の角度はずいぶん広がり、真っすぐに近くなっていた。

何とか以前のように歩けるようになり、七月十三日に退院した。

足の膝の曲げる訓練により、傷痕の一部が少しだけ太くなっていた。

◇

左足の膝の傷痕を見るとすぐ思い出すのは、靭帯の縫合手術の後の息が止まりそうになるリハビリの大変さと、曲げ伸ばしができるようになるまでの時間の長さである。そして、看護婦さんから言われた「私、池田さん、見直したわ」という一言である。

◇

拓郎君と共に推敲しながら、拓郎君に右のような私の思い出を話していった。

クラスの子どもたちにも授業の中で話していった。

■ 拓郎君の暮らしに重ねて話すクラスの子たち

クラスの子たちに、

「拓郎君のつづったもののなかに、大変ななか、拓郎君

を励まし、力づけてくれた人たちがいたね。みんなも、自分の暮らしに重ねてつづってみよう」

と話した。

クラスのみんなは、次のように、自分の暮らしをつづり、教室で話していった。

◇

「もう終わったん。よかったやん」

浅原《あさはら》実香子《みかこ》

わたしは、下の奥歯の歯ぐきの中にうみがたまっていました。

あごが痛いので、病院へ行ってレントゲンをとったらわかりました。

わたしは、歯の小さな手術が始まるまできんちょうしていました。

注射でますいをしました。うんでいるところの歯をぬきました。うみをとりました。ガーゼをつめました。ばいきんが入らないようにつめものをしました。三十分ぐらいかかりました。

終わって、待合室に行くと、お母さんが、

「もう終わったん。よかったやん」

と言ってくれました。

拓郎君もお母さんの言葉が心に残ったように、わたしも、その言葉が、心に残りました。


「強い子にならなあかん」

小川　紗穂《さほ》

四年生ぐらいのとき、学校で友だちと口げんかをしたとき、家に帰っておばあちゃんに友だちのことをきつい口調で言ってあたってしまうことがありました。そのとき、お母さんが、

「泣いたら負けやぞ」

と言ってくれたり、お父さんが、

「強い子にならなあかん」

と言ってくれました。

拓郎君の書いたことを読んでそんなことを思い出しました。

「だいじょうぶ。治る」

西岡　秀太《しゅうた》

ぼくは、三年生のとき、顔の左側が※たいじょうほうしんになった。

たいじょうほうしんができて、三日目に朝から病院に行くので、お母さんに車に乗せてもらって学校に行った。

たん任の竹田先生が来てくれた。先生は、ぼくの顔を見て、

「ウワア」

と言った。ぼくは、先生に見せたくなかったなあと思った。

病院で井上先生に、

「このたいじょうほうしんは、あととなって残るかもしれん」

と言われた。

そんなとき、竹田先生に、

「だいじょうぶ。治る」

と言われたことを思い出した。けっきょく、水ぶくれのあとは残らなかった。

そんなことを、拓郎君の話を聞いていて思い出した。

【注】

※帯状疱疹《たいじょうほうしん》…からだの左右いずれかの一方が、はげしい痛みとともに、ところどころが赤くなり、その上に米粒《つぶ》の約半分くらいの水疱《すいほう》（水ぶくれのこと）が集まってできる。そして、数日のうちに、胸《むね》や腹《はら》では帯《おび》のように取り巻《ま》いて並ぶようになるのでこの名がある。水疱はまもなくかさぶたをつくり、ひどいときには潰瘍《かいよう》となることもある。（『最新　家庭の医学百科』〔主婦と生活社〕による）

「どんくさいなあ」

磯和《いそわ》　航志《こうし》

ぼくは、一年生のとき、六年生のむねあき君が、とつぜん、後ろからのしかかってきたことがあった。

そのとき、左のかたのあたりがいたかった。

　学校から帰ってもまだまだいたかった。お母さんが帰ってきてから、病院に行った。坂医院に行ったら、

「布施田《ふせだ》の松井整形外科へ行ってください」

と言われたので、行ってレントゲンをとってもらった。そしたら、鎖骨《さこつ》がおれていた。

　その日から、病院に通った。

　お母さんには、

「どんくさいなあ」

と言われた。お姉さんにも、

「どんくさいなあ」

と言われた。

　でも、治るまで、お母さんやお姉さんによくめんどうをみてもらった。

　そんなよくめんどうをみてもらったところが、拓郎君とよくにている。

お見まい

磯和　涼《りょう》

　わたしのおじいさんは、六月九日にこしを家で打って前島《さきしま》病院に入院しています。

　入院しながら、とうせき※もしています。

　とうせきは、週に三回しています。

　六月、七月、八月、九月の半ばまでおばあちゃんは、毎日、仕事に行く前、お昼、仕事の後、病院に寄っていました。

　わたしは、おじいちゃんとおばあちゃんと三人でくらしているので、そのころは、学校から帰ると一人でした。

　おばあちゃんは病院からバスで六時ごろ帰ってきました。

　今は、おばあちゃんは、ときどき、病院に行っています。

　十月四日、水曜日、おばあちゃんとわたしは、おじいちゃんのお見まいに行きました。

拓郎君の文を聞いて、わたしは、おみまいに行くところが、拓郎君のお父さんやあやちゃんといっしょだなと思いました。

【注】
※透析《とうせき》…ここでは、人工透析のこと。人工透析とは、腎臓《じんぞう》の具合がわるく、自分の腎臓で血液をきれいにできない人が、人工腎臓といわれる（透析）装置《そうち》を用いて血液をきれいにする方法。（『最新　家庭の医学百科』〔主婦と生活社〕による）

「がんばって」

磯和　大詩《たいし》

ぼくは、自分の家の前の坂で自転車をこいでいたらとばしすぎて、自転車が止まらなかった。ブレーキをふんだら、前ブレーキの方が早く止まって、自転車が前に転がり、ぼくはふり落とされた。

気がついたら、左目のまゆ毛の上を切ってしまっていた。今でもきずあとが残っている。

切ったいたさでぼくはもう一つのいたみを感じていなかった。いたみになれてきたら、またいたみがきた。それは、左手首からきていた。うでを動かしてみたら動かなかった。

人が来て、ぼくは、泣き声で、

「おうい」

とさけんだ。がしかし、一人目の人には、ぼくの声が聞こえなかったようだ。

そして、二人目の人が来た。また、ぼくは、

「おうい」

とさけんだ。そしたら、その人は、かけつけてくれた。そして、

「どうしたんや？」

と聞いてくれた。ぼくは、

「自転車から落ちた」

と答えた。その人が、

「どこか動かんとこあるか？」

と聞いてくれたので、ぼくは、首をたてにふった。

「左手か？」

と聞いてくれたので、ぼくは、また、首をたてにふった。

「そうか」

と、その人は言った。

　そしたら、その人は、すぐ近くの家の人に知らせてくれた。その家の人は、ぼくの家の電話番号を聞き、ぼくの家に電話してくれた。家にいたおばあちゃんが、お母さんに電話してくれた。

　お母さんは、救急車とだいたい同じ時間に来てくれたので、そのまま救急車に乗りこんでくれた。

　救急車の中でお母さんは、

「がんばって」

と言ってくれた。とてもほっとした。

　たくろう君が、お母さんに元気づけられたことと似ているなと思った。

今はまだ

谷口　沙耶《さや》

　たくろう君は、心ぞうの手術をしてむねにきずがある。わたしも見たことがある。

　もしも、わたしが、同じ手術をしたら、つきそいをしてくれるのはお母さんとおばあさん。お父さんは、りこんしているので来ないと思う。

　手術の後のきずあとは、たくろう君のようには、ほかの人には見せられないと思う。はずかしいから。

　池田先生は、前に女の子が体に手術によるきずあとがあり、そのことについてなやんでいたときのことを話してくれた。

「……命が守られて、生きていることができたということ。そして、自分だけでなく、お母さんやおばあさんがどれだけ心配してくれたか考えると、そのきずあとのことを生きているあかしととれないか」

と。

　しかし、わたしは、今はまだ、ほかの人によう見せないと思う。
たくろう君は、みんなの前できずあとを見せられてすごいと思う。

「ほんとうに治したいと思って」

森田　眞代《まよ》

わたしも、手、目のはし、ひざ、わきに合わせて百個くらいできたいぼが治ったとき、心に残った言葉があります。それは、お母さんが、

「まよが、いぼをほんとうに治したいと思って毎日薬を飲んだから治ったんよ」

と言ってくれた言葉です。そのとき、うん、としか言えなかったけども、もっと別のことを言えればよかったと思いました。

「鵜方《うがた》の志摩病院に毎週一回いっしょに通ってくれてありがとう」

と。

たくろう君もお母さんに、

「たくろうは、生きるか死ぬかの手術をしたんよ。手術がうまくいって悪いところが無くなって、こんなに元気になったやろ。きずあとのことは、気にはなっても、気にせんようにしよな」

と言ってもらったとき、そうだったんだなあと思いました。

わたしもいぼが治ってうれしかったから、たくろう君も心ぞうの病気が治ってうれしかったと思います。

お手伝い

磯和　伊津季《いつき》

わたしには、兄さんがいる。

もし、兄さんがたくろう君のように手術しなければいけなかったら、わたしは、できるだけ多くみまいに行きたいと思います。

行ったら、あやさんができることをしたように、手伝いをしようと思います。

文章を読んで、たくろう君は、手術の後もがんばって過ごしてきたことがよく分かりました。

「だいじょうぶか？」

谷口　大《まさる》

ぼくは、たくろう君みたいに重い病気やけがなどは、したことはない。もちろん手術をしたこともない。

けがといったら、四年のときのけがが、いちばんいたかった。

社会の勉強でさとうきびをしぼっていた。まどのところのでっぱりに、さとうきびを置いて、その上に人が乗って、別の人がしぼった。

交代でしぼっていた。

今度は、ぼくが、上に乗った。そして、たくろう君が、力を入れてしぼろうとした。そのとき、バキッとさとうきびがおれた。ぼくは、下に落ちた。下のゆかに落ちたしゅん間は、いたくなかった。しかし、後からじりじりいたくなってきてたえきれなくなった。たしか、右ひじと左ひざをうったと思う。

すぐに先生と近くにいた六年の大幸《たいこう》君が、保健室に連れていってくれた。

ぼくは、保健室でねていた。先生たちが、

「だいじょうぶか？」

と言って心配してくれた。うれしかった。

たくろう君は、手術をした後、どんな運動でもしていいようになったんだから、よかったなあと思った。

「もうだいじょうぶか？」

小川　泰代《やすよ》

わたしは、夏休みにつめがはがれかけた。

原因は左足の親指が右の親指にあたってしまったことだ。

つめが、はがれてしまったのは、右足の親指だった。でも、全部ははがれなかった。

おじいちゃんは、

「だいじょうぶか？」

と言ってくれた。そのとき、お母さんは、おふろに入っていた。お母さんがおふろから出てきてから、右足の親指を見せた。

　お母さんは、

「二階でガーゼはったる」

と言った。二階の部屋でガーゼやテープをはってもらって一階に下りた。

　おじいちゃんは、

「もうだいじょうぶか？」

と言ってくれたので、わたしは、

「うん」

と答えた。

　わたしは、おじいちゃんの言葉でけががあってもがんばろうと思った。

　たくろう君は、お母さんの言葉で勇気づけられてよかったと思う。


「すぐ終わるからだいじょうぶよ」

小川　航治《こうじ》

　ぼくは、「さ・し・す・せ・そ」の発音が悪かった。

　二年生のとき、西岡歯医者に虫歯を治しにいったら、舌の形が変なのに気づいてくれた。

　歯医者さんは、

「舌の下を切れば治るよってんな」

と言ってくれた。お母さんは、

「すぐ終わるからだいじょうぶよ」

とはげましてくれた。

　いすにすわって、口ますいをしてもらった。そして、舌の下を切ってもらった。
　二、三日後、また、歯医者さんに行ってみてもらった。
「うん。これでいいね」

と、歯医者さんは言ってくれた。

　その後、発音練習をした。

それで、

「さ・し・す・せ・そ」

と、ちゃんと言えるようになった。

たくろう君と同じようにお母さんがはげましてくれたことが同じだなと思った。


「いたくないよ」

太田　善巳《よしみ》

ぼくは、保育所のとき、おふろのはい水こうに足がはまってしまった。

ぼくは、いたくて泣いていた。おふろからなんとか出してもらって、バスタオルをまいて、病院に行った。

病院に着いてから、治りょう室に入って、かん護婦さんにおさえられてきず口をぬった。と中、お父さんが、

「いたくないよ」

と言ってくれた。とてもなぐさめられた。


そんなところが、たくろう君がお母さんになぐさめられたところと少しにていると思った。

「がんばってね。泣いたらいかんよ」

中村　友美《ともみ》

わたしは、五さいのときに首にかたまりのようなものができました。お母さんに言ったら、志摩病院に連れていってくれました。

初めは何か分からなくて、虫にでもさされたのかなと思っていました。そしたら、できものでびっくりしました。

〈すぐ治ってく〉と思って一回しか病院に行かなかったけど、だんだん大きくなってきて、度会郡にある日赤《にっせき》病院に行きました。

みてもらったら、

「しぼうのかたまりか何かです」

と言われました。手術をすると言われました。わたしは、どきどきしていました。

何日かたって、保育所をと中で終わって、病院に行きました。

そのとき、保育所のとみ子先生（保母さん）が、

「がんばってね。泣いたらいかんよ」

と、にこにこしながら言ってくれました。

そして、病院に行きました。行ったら、いっぱい人がいてずいぶん待ちました。

「中村友美ちゃーん」

と聞こえてきました。

やさしそうなお姉さん（かん護婦さん）が出てきて、手術室の中に入りました。そのとき、お母さんとお父さんが、

「がんばれ」

と見送ってくれました。

まず、小さな部屋に入って緑色の服を着ました。

どきどきしながら手術をする部屋に入ったら、先生みたいな人が、

「こんにちは」

と、にこにこして言いました。


大きなベッドにねころんで、手にへんなものをまきました。

少しでも動いたら、ぎゅっとへんなものにつかまれているようでした。

まず、ますいを首にうちました。

それから、しぼうを取ったみたいでした。

一はり一はりぬうたびに横に立っているかん護婦さんが、

「いたくない？」

と聞いてきました。

それを何度かして終わりました。

終わって、先生が、首にほうたいをぐるぐる何回もまいて、先生といっしょに出たら、お母さんとお父さんが待っていてくれました。

先生が、

「この子は、がまん強いですね。この手術は、大人の人でも、泣く人がいるんですよ」

と、お母さんたちに言っていました。

終わったら、首がすごくじんじんしていたかった

です。でも、お父さんとお母さんが、

「がんばったね」

と言ってくれました。うれしかったです。

　わたしは、とみ子先生やお母さん、お父さんにはげまされたことが心に残っています。

　たくろう君の文章を読んで、たくろう君も大変だったんだなあと思いました。


拓郎君は、次のようにつづって、そして、話していた。

　　　ありがとう

松本　拓郎

　ぼくは、手術する前まで心ぞうにあながあいているということを知らなかった。
　今回、作文を書くのに、お母さんとお父さんに聞いた。お母さんとお父さんが、ぼくがこわがらないように心ぞうの病気のことを話さなかったこともわかった。
　いろいろな人にはげましてもらった。気をつかってもらった。
　今は、どんな運動をしてもあまり息切れがしない。
　今では、病院に一年に一度か二度くらい行って、体のぐあいをみてもらっている。
　手術をするまで、そして、してから、いろいろな人に心配してもらった。
　お母ちゃん、お父ちゃん、あや、
　越賀《こしか》のおじいさん、おばあさん、
　和具《わぐ》のおじいちゃん、おばあちゃん、
　和具のおばちゃん、
　病院の先生、かん護婦さん、
　同じ病室にいた子たち、
　ありがとう。

■書きにくいことを書く

　私たちには、心に何か引っかかっていて、そのことについては書きにくいと思っていることがよくあるものだ。

拓郎君の場合は、それが「きずあと」のことだった。

もっとも、五年生のころには、もうそのことにこだわって書いたり話したりすることを避けるということは、少なくとも表面的にはなかった。

それでも、最初に書いたものを読んでみると、〈傷痕の形状〉〈お母さん、お父さんが病気のことで悩んでいたこと〉〈拓郎君自身が、傷痕のことを気にしていたこと〉〈退院してからつらかったこと〉など、大事なことがらが詳しくは書けていなかった。やはり、どこかに、そうしたことを控える、という気持ちがはたらいていたのかもしれない。

そこで、私は、積極的に手をさしのべ、書くことを勧めてやらないといけないなあと思ったのである。

私の勧めに対して、拓郎君は、書きにくいことだけれど書くと言って書いた。

私は、できるだけ早く、そんなふうに言える子どもを見つけ、ありのままに詳しく書くように勧めている。そのことが、クラスの子どもたちの心に響き、「私もこんなことがある」「ぼくにもこんなことがある」と、広がりをみせるのである。

拓郎君は、クラスの一人一人の心に閉ざされているものを切り開いていく一人なのであった。

■拓郎君が与えてくれた場

クラスのみんなや私は、拓郎君のつづり方に共感共鳴し、そして、自分の暮らしを思い出すことができ、その思い出した暮らしのなかで、励まされ、勇気づけられたことも思い出すことができた。

そのような場を与えてくれた拓郎君に、拓郎君のおうちの人に感謝している。

【二〇〇〇年十月】

気持ちを表明することの大切さを願って

■ 大君《まさる》のつづり方

まず、大君のつづり方を読んでいただきたい。

涼《りょう》ちゃん

五年　谷口　大

クラスで行った調理実習のとき、てんぷらをあげるのにキッチンペーパーが必要になった。ぼくと涼ちゃんが職員室に取りに行くことになった。

ぼくは、階だんのと中で涼ちゃんのせ中をおした。涼ちゃんは、だんのぬかしとびみたいになっておどり場の所でこけた。

ぼくは、すぐ、

「涼ちゃん、ごめん」

とあやまった。

「だいじょうぶやから」

と、涼ちゃんは言った。

でも、いたそうだった。だいじょうぶじゃなさそうだった。

家庭科室でみんなで作ったさつまいもの料理を食べた。そのときも涼ちゃんは、ずっといたそうで足をおさえていた。

三限目、教室で池田先生が、涼ちゃんに足のことを聞いていた。涼ちゃんは、ぼくのことは言わなかったようだった。

〈ぼくをかばってくれたんだなあ〉と思った。

昼休み、保健室を見てみたら、涼ちゃんがいた。涼ちゃんは、保健の山﨑《やまさき》先生に足の具合をみてもらいながら「どうしたん?」ときかれて、ぼくとのことを話したみたいだった。山﨑先生は、

「まさる、ほれ見てみない。くるぶしのとこ、こんなにはれとるやん!」

ぼくは、何にもよう言わなかった。

けど、ぼくは、池田先生には、本当のことをよう言わなかった。おこられると思ったからだ。

その後、ぼくは、航志《こうし》君たちと体育館の裏にある土手に基地があるので、そこで遊んでいた。そんなとき、

「まさるー」

と、池田先生の大きな声が聞こえた。ぼくは、先生に呼ばれて涼ちゃんの足のことを聞かれた。先生が、

「まさるが、涼を階だんの所でおしたというのは本当か」

と聞かれた。ぼくは、

「はい」

と、小さく言った。先生は、

「ふざけておすことは、ようあることかもしれへんけど、まさる。おした場所が悪い」

と話してくれた。ぼくは、

「はい」

と、小さく答えた。先生は、

「今、涼のくるぶしを見たら、だいぶはれとった。先生は、ねんざやと思う。ねんざは長いからなあ。涼は、今、山﨑先生に連れられて前島《さきしま》病院に行っとる。足の骨は折れてないとは思うけど」

「何で、先生が涼に足のことを聞いとったとき、大は、ぼくが、階だんでおしてしまったんですと、あったことをすぐ言わんかったんや」

と言った。ぼくは、よう答えなかった。

「してしまったことなんやから、すぐ言わな、いか

んのやで」

「まさる。このことは、先生も言うけど、自分から家の人に話さないかんぞ」

ぼくは、

「はい」

と答えた。先生は、ぼくのかたをポンとたたいてくれた。そして、

「そうじ、や」

と言って帰っていった。

ぼくは、はいと答えたものの、〈お母さんやお父さんに話すのがこわいなあ〉と思った。

涼ちゃんは、五限目の図工の時間に帰ってきた。松葉づえをついていた。そんなにも大変だったんだなあと思った。

池田先生は、強いねんざやと言っていた。

ぼくが、ろうかに出たとき、池田先生が、

「まさる、前にあやまったんやけど、涼は、今これからのこと考えると大変なときなんやから、まさる、もう一度、あやまっとけ」

と、小さく言ってくれた。

ぼくは、教室に入って、涼ちゃんに、

「ごめんね」

とあやまった。涼ちゃんは、

「うん」

と、やさしくゆるしてくれた。

家に帰って五分ぐらいしたら、お母さんが帰ってきた。涼ちゃんのことを言わないかんと思っていたけどなかなか言えなかった。

二十分ぐらいして、やっと言えた。

お母さんが、

「もっと、はよ言わな」

とおこった。

「何でそんなことしたんや」

「けがすんの、わかっとるやん」

「ちゃんとあやまったんか」

と、たたかれなかったけどすごくおこられた。

「あやまりに行ってこないかんやん」

とおこった。ぼくも、そう思った。

涼ちゃんちに、あやまりに行った。

涼ちゃんのおばあさんが出てきて、お母さんといろいろ話をしていた。

「たいしたことないんよ。そんなに気にせんといてな」

「気にするよ。おばあさん。大けがやん」

「何《なん》も何《なん》も、だいじょうぶやから」

「松葉づえついとるやん」

「病院は？」

「バスで連れてくわ。わたしが」

「わたしが連れてきますよ。車で」

そんな話をしていた。

お母さんがあやまるとき、ぼくも、あやまった。

「いいのよ」

と、おばあさんもゆるしてくれた。いいのよと言ってくれたけど、ぼくは、悪いなあと思った。お母さんもつらそうだなと思った。

家に帰った後、また、おこられた。

「何で、おしたんや？」

「おし合いしとったんか？　走っとったんか？」

ぼくは、〈はい〉ぐらいしか答えられなかった。

今、涼ちゃんは、池田先生が車に乗ってきていないから、いろんな先生たちに送りむかえをしてもらっている。

学校では、池田先生が、すわってトイレができるものを教室前のトイレに用意していた。

「涼、おしっことうんこは、絶対、がまんしたらいかんのやぞう。体に悪いんやからな」

と、何度も言っていた。

そして、ぼくらに、

「涼の手伝いをしたれよう。できるだけ涼は、教室におるけど、トイレに行ったり来たりするときや階だんの上り下りにはね。下りてくときには、涼の松葉づえを持ってあげて、左かたを支えて、上がってくるときには、右かたを支えてやるんやぞう」

と言った。みんなは、

「はい」

と、元気な声で答えていた。

ぼくは、お母さんやお父さんに言われたことを思い出していた。

「涼ちゃんにおうたら（※会ったら）涼ちゃんのかばんを持ったれよう」「できることは何でもしたらないかんよう」と言われたことを。


昨日、朝、涼ちゃんが、階だんを上るとき、リュックと松葉づえを持った。

今日も、涼ちゃんを、ぼくのお母さんは車で前島病院に連れていっていた。

池田先生が、

「涼は、今日、大のお母さんの車で送りむかえしてもらって病院から帰ってきて、学校に行こうとしたら、雨が降っていることもあってか家の前の坂ですべってこけたらしい。そのとき、いためた足がとてもいたかったので学校を休もうかなと思とるみたいや。

大、山﨑先生が車を出してくれるから、行って、涼を支えて連れてきたれ。そうしな」

と、はげますように言ってくれた。

ぼくは、山﨑先生と涼ちゃんをむかえに行った。

ぼくは、涼ちゃんが坂を上がるとき、後ろから支えてあげた。学校に来て、階だんを上がるときも、松葉づえを持って、うでを組んで支えた。涼ちゃんは、片足で一だん一だん一所けん命上がっていた。

涼ちゃんが、明るい表情をしているので、ぼくはほっとしている。

涼ちゃん、ごめんね。

■私の体験を語る

私は、大君のつづり方をクラスのみんなに紹介するとき、次のような私の体験も話した。

◇

大君は、涼さんにも、涼さんのおばあさんにも、温かく許されたのだった。

大君は、これから先、涼さん、そして涼さんのおばあさん、そして、お母さんのことを忘れないと思う。

私は、「許されたこと」というと、こんなことを思い出す。

◇

小学校二年生ぐらいのときだったろうか。日曜日に葬式があった日である。

私たちは、葬列をたのしみに待っていた。葬列の四番目ぐらいに来る〈花かご〉をまだか、まだかと待っていたのである。

竹で編《あ》んだかごのついた竹棒をかついだ人が、

「いっぱい拾えよう」

と言って、竹の棒を勢いよく振ると、ちり紙に包まれた五円玉や十円玉、五十円玉、百円玉が、ちり紙を破って、ばらばらと振ってくるのだった。

私たちは、そんなお金を、首を忙しくふりふり、手でおさえて、夢中になって拾うのだった。

その日、「小さなお金持ち」は、いつもは買えないしゃれた包装《ほうそう》のチョコレートを買って食べられるので、うきうきしてしかたなかった。

その後、友だちと寺の近くで鬼遊びをしていた。

しばらく遊んで家に帰ると、母も、葬式から帰ってきた。母は、喪服姿《もふくすがた》のまますっすっと私の方に来て、私の前に立って何も言わずに私をじっと見た。

どうしたんかなと思う間もなく、母の手が頬《ほお》にきた。

母は、何も言わず部屋から出ていった。

私は、あっけにとられたが、「あれが悪かったんやなあ」と、ぼんやり思うのだった。

葬式の最中には、お寺の本堂の中でそして外で、皆しんとして座ったり立ったりして参列している。なのに、その外で、みんなが静かにして座っている周りを私は、走り回っていたからだ。

思うと、そのとき、母は、恥ずかしくてたまらなかったはず。

母は、そうしたことを、その後、誰にも言わなかった。母は、そんな母なのである。

私は、たたかれたけど、母は、それで私を許してくれたと思っている。

覚えている限りでは、母にたたかれたのは、このときだけである。

◇

大君がつづり方を書く前に、大君に、

「前に話してくれたけど、大はお父さんやお母さんに、『涼ちゃんにおうたら、できることは何でもしたらないかんよう』と言われたんやろ。涼のお世話がしっかりできたら、今回のことを、そのことも入れて、時間の順序通りに書いておいで」

と伝えたら、大君は、

「先生、ぼく、今日の朝、涼ちゃんの松葉杖を持って涼ちゃんと一緒に階段を上がって、三階の教室まで行きました」

と言ったので、

「ああ、そうか、えらいぞう。これからも涼を支えたれよ。そのことも書けるな」

と言ったのだった。

大君は、涼さんに迷惑をかけてしまったのだけど、とてもいい経験をした。階段で人を押してしまうと大変なことになるということ、しかし、その後、涼さんを自分なりに支えられたということ、そして、涼さんのおばあさんの温かさにふれることができたということ、さらにまた、大のお母さんが、涼さんを大事にしてくれたこと。

この経験を、いつまでも忘れないようにしてほしい。

◇

■ 私が気になったこと

ところで、先の大君のつづり方を読んで、私には、一つ気になることがあった。それは、大君のつづり方には大君のお母さんが大君を叱っている場面だけが表に出ていて、大君を思うお母さんの気持ちは隠れてしまっているように思えたことだ。お母さんは、大君への思いを大君に伝えたのだろうけれど、それが、つづり方の中に充分に書かれているとは思えなかった。

私たち人間には、そんなことって、よくあるのではなかろうか。

親の心がわかっていなかったことでいうと、中学一年の夏休みのときの私がそうだった。

ふとした風邪の後、私は、偏頭痛に悩まされるようになった。

心配した母は、自分たちが住んでいる大王町の病院はもちろん、伊勢の病院、津の病院、果ては名古屋の癌《がん》センターなどにまで診てもらいに連れていってくれたが、どこの病院に行っても、

「特に悪いところはありません。放っておけば良くなるでしょう」

と言われるばかりだった。だが、頭痛はいっこうに治らず、私はすっかり気が滅入ってしまっていた。

そんな私を見て、母が、

「志摩病院（隣町にある県立病院）に行こか」

と言ってくれた。

その病院で、初めて病名を告げられた。

「池田さんは、小児喘息《しょうにぜんそく》からくる頭痛でしょう。体質改善のために週に三回病院に通って、注射をうってくださ い。二学期に入ると授業があるのですから、昼の間に病院に来てください。頭痛は、徐々に治っていきますよ」

と言われたように、夏休みの終わりごろには、頭痛はなくなっていた。ただ、その後も一年間、病院に通うことにはなったのだが。

二学期になり、私は元気よく学校に行くようになった。

そんなある日、大敷網《おおしきあみ》の漁師である父が、酒を飲みながらこんなことを話してくれた。

「おれは、家に帰ってくると、おまえの靴があるかどうか、いつも見たぞ。靴があると、ああ今日も悪いんやなあと思ってなあ。つらかったわあ。でも、治ってよかったなあ」

私は、父を誤解していた。病院には、いつも、母に連れていってもらっていた。その間、父からは、何も言葉をかけてもらえなかった。父は、体の弱い私を、〈弱ったもんだなあ〉としか思っていないのにちがいない、と思っていた。

しかし、じつは、父は、毎日、心配してくれていたのだ。玄関にぬいである私の靴を見て悲しんでくれていたのである。

父からその言葉を聞いて、私は、自分の勘違いを恥ず

かしく思うと同時に、たいへん嬉しく思った。

しかし同時に、そのこととは別に、あのとき、一言でも父の思いを伝えてもらっていたら、と思うのだった。そんなこともあって、私は、やはり、親と子の気持ちは互いに充分に伝えられ、理解され、書き表されるほうがいいと思っているのである。もちろん、全てというのはむずかしいであろう。だが、そんな場合でも、せめて半分は理解し、つづれる子どもであってほしい。

その点で、この大君のつづり方は、まだ、やはり充分とはいえないと思ったのである。

そんな思いは、大君のお母さんにしても同じではないのだろうか。

そこで、私は、大君のお母さんに、自分の気持ちを手紙に書いてもらえないかと願い、私の思いを便箋四枚ほどにつづって渡したのだった。

■ 大君のお母さんへの手紙

大君のお母さんへ

この度、大君が涼さんを階段の途中で押してしまうといったことで、涼さんが松葉杖をつくまでになってしまったことに心を痛め心配なさっていることと思われます。

大君のやってしまったことは、ふざけていたものにしろ良くないことでした。

しかし、大君のつづったものを読むと、大君自身もそのことでたいへん悩み、涼さんのことを気遣っていることがわかります。

私が、

「大がつづるのが終わるのは、涼に対して、大のお父さんやお母さんに言われたように、涼のお世話がしっかりできてからにしよな」

と、大君に言ったら、

「先生、昨日の朝、松葉杖を持って、一緒に階段を上がって三階の教室まで行きました」

と答えました。

「ああ、そうか、えらいぞう。これからも涼を支えたれよう。そのことも書けるなあ」

と言うと、大君は、

「はい」

と、うれしそうに返しました。

そこでお願いなんですが、お母さんから大君へ手紙を書いてやってもらえませんか。

一つは、〈大がしてしまったことがどれほど大きな事故を引き起こしてしまうのか〉ということを。もしかしたら、強いねんざですんだことは、まだしもよかったとも思えるからです。もし打ち所が悪ければとも思ったからです。

二つには、やんちゃですが、やさしく照れ屋なところのある大君が、反省して懸命に涼さんが階段を上がっていくとき、松葉杖を持ったり、後ろから支え守ろうとしたり、おんぶしたりしています。大君が、つづったものには書かれてないのですが、二十五号の通信にも紹介したように、うべ取りにクラスのみんなで行ったとき、男の子も女の子もみんなで交代して涼さんの松葉杖を持ち、おんぶしています。ぜひ、そのことをほめてやってほしいのです。言葉にきちんと書いてほめてやってほしいのです。

最後には、お母さん自身が、涼さんを病院に送り迎えすることを、けがのあったその日に涼さんのおばあさんに伝えてくれています。（【注】涼さんは、おばあさん、おじいさんと三人で暮らしている。）

私は、すぐにそこまで配慮できることに心を動かされます。きっと、涼さんのおばあさんも喜ばれ安心されたと思います。

そんな送り迎えをしていることも、〈私もできることをするから、大もできることをしてね〉という大君への何よりも大きなエールに思えます。親のそのような行動を、子はしっかり見ています。

どうぞ、その姿を、一言、言葉にして大君に伝えてあげてください。

ぜひ、大君に手紙を書いてやってください。その手紙は、大君の宝物になるはずです。

そして、その手紙をクラスのみんなに紹介させてください。

「大のお母さんは、きびしく大を叱っている。けれど、大やみんなのことをきちんと見ていて、ほめているよ。親は、叱っても、子どものことを最後まで見届けているんだよ。いいところは、いい、しっかりとやっているところは、えらいぞうと言うんだよ。

私たちもそんな人間になろうな」

と言ってやりたいのです。

そして、通信にも載せさせてください。ほかの保護者にも、お母さんの思いや願いを知ってもらいたいからです。

勝手なお願いですが、どうぞよろしくお願いします。

十一月二十八日

池田　雅治

■ 大君のお母さんからの手紙

大君のお母さんからは、すぐこんな手紙をいただいた。

大へ

今回、大が涼ちゃんに対して、してしまったことで涼ちゃんにどれだけ苦痛なおもいをさせてしまっているか、大も充分わかっているよね。

そして、涼ちゃんのおうちの人にも、どれほどの心配や迷惑をかけてしまっているかも、きっとわかってくれているはずです。

本当に、心から、「申しわけないことをしてしまって、ごめんなさい」という気持ちでいるのは、お母さんもおなじです。

大のしてしもたことだけど、お母さんは、自分がしてしもたと同じくらいつらい気持ちでいっぱいです。

きっと大も、自分がふいにやってしまったことで、こんな大きな事故になってしまったなんてと、はじめは、戸惑い、後悔し、悩んだことでしょう。

確かに、今回は、強いねんざということで、松葉づえをつくほどの大けがをさせてしまいました。

それだけでも大変なことなのに、ひとつ間違ったら、どんな大事故につながったかもしれないと思うと、あなたのしたことを重く受け止め、大自身が、強く反省してほしいとお母さんは思っています。

そして、涼ちゃんに対しても、出来るだけの手助けをしてあげてほしいと願っています。

お母さんは、最初、大にそれがきちんと出来るか心配でした。

けれど、学校での階段の上り下りのときや、クラスで行ったうべ取りのときには、みんなで交代でおんぶした話などを聞いて、少しほっとしました。大も、自分なりに頑張ってやってるんだなと、うれしく思いました。

それと同時に、そのことは、池田先生をはじめ、いろいろな先生方の励ましがあったり、クラスみんなの協力があってこそ成り立っているんだよということに、ありがたい思いでいます。

みんなに感謝しようね。


お母さんも、お母さんに出来ることを涼ちゃんにしてあげようと思っています。

だから、大も、今の気持ちを忘れないで涼ちゃんのことを手伝ってあげてねッ。一緒に頑張ろうねッ。

大のしたことを、やさしくゆるすと言ってくれた涼ちゃんとおうちの人にも感謝しようねッ。

そして、涼ちゃんのけがが、すっかりよくなって「よかったね」と笑顔で言える日が、一日も早く来てくれることを一緒に願おうね。お母さんと……。

大のお母さんより

大君のお母さんの優しさがよくわかる手紙だった。大君の笑顔が、目に浮かぶようだ。

■涼《りょう》さんが、話してくれたこと

大君のつづり方と、大君のお母さんの手紙は、クラスのみんなの、何よりも涼さんの心をうった。

ありがとう

磯和　涼

ねんざしてしまった夜、大君と大君のお母さんがわたしの家に来てくれました。

おばあちゃんは、大君のお母さんに、

「だいじょうぶなんよ」

「気にせんといて」

「別にいいんよ」

とか、いろいろ言っていました。

大君のお母さんは、何回も何回もあやまってくれました。大君もあやまってくれました。

大君のお母さんには、ずっと前島病院に送りむかえしてもらっています。大君のお母さんは、車の中でも、わたしにごめんと言ってくれました。

学校では、クラスのみんなが、階だんを上るとき手伝ってくれたり、学習の用意や片づけをしてくれたりします。

クラスのみんなで、うべ取りに行ったときは、男の子たちも女の子たちもおんぶを交代でしてくれました。

「ありがとう」

※追記

私がよその学校の研修会に呼ばれて、この話をすると、

「涼さんのおばあさんには、手紙を書かなかったの？」

「涼さんのおばあさんから手紙はきたの？」

と、よく尋ねられる。

私は、おばあさんにも手紙を書いてお渡ししたし、返事もいただいた。

ここには、いただいた返事だけを紹介することにしたい。

涼さんのおばあさんは、こんな手紙を書いてきてくれた。

皆さんへ

磯和　ゑみ子

私は、町内の片田《かただ》に用があって、片田の妹の家に

行っていたとき、学校から電話がありました。

話によると涼が足をねんざしたとのことでした。一瞬どうしようかと思いました。頭に浮かんだことは、学校はどうしようかということでした。

涼は、山﨑先生に前島病院に連れていってもらっていました。私も、後から行きました。

涼の足は、ねんざでした。骨は、なんともなくてよかったと心の中で思いました。

足のことをいろいろ病院の先生に聞きました。でも、涼は、知らん顔してにこにこしていました。あまり気にはしてないみたいでした。

家に帰って、涼の足のことをおじいさんに話したら、ほっとしていました。涼に聞いたところ、大君のちょっとしたことがこんなになってしまったと話してくれました。でも、これだけで良かったねと涼に言いました
涼が、足をねんざしたその夜、大君とお母さんが来てくれました。

私は、そんなに気にせんといて、と何度も言いました。

そのとき、私は、涼を連れて病院に通うのが気になっていました。私は、涼と一緒にバスで行くつもりでしたが、大君のお母さんが車で行きますと言ってくれました。〈そんなにお世話になっては〉と思いましたが、お母さんが「病院に行きます」と何度も言ってくれましたので、お言葉にあまえて世話になることにしました。けれど、お母さんも仕事もあることだし、「ごめんね」と言いました。「遠いところへわざわざ来てくれてごめんね」と言いました。若いお母さんは、やさしさがいっぱいありました。〈なんとやさしい二人だなあ〉と思いました。「心配せんでもいいよ」と言い、帰ってもらいました。

涼は、松葉杖がなれないので困ったなあと思いました。雨の日は、私は道が悪いので涼をどうしようかと何度も思いました。しかし涼は、足が不自由ですが、苦にもせずに、学校へ行くのを楽しみにして学校に行っています。

朝も夕も、学校の用務員の住屋《すみや》さんが送り迎えを

してくれます。
十一月十八日の土曜日、学校へ授業参観に行きました。授業と集会が終わり、帰るときに、みんなが涼をおんぶしたり、手を取りして、一生懸命になっている姿を見ました。涙が出るほど嬉しく思いました。クラスの全員にいろいろと気配りして戴き本当にありがとうございます。

私は、何と言ってよいやら分かりませんが、これからもよろしくお願いいたします。

大君、いろいろと心配かけてごめんね。あまり心配せんといてね。

通信に載《の》っていた「うべ取り」のことを読んで、みんなが、二キロ以上の道のりを交代して涼をおんぶしてくれたこと、本当にありがとうと言いたいです。涼は、体重も重かったことと思います。みんなに気を遣《つか》わせてごめんなさいね。みんなが、涼によくしてくれるので私は涼が幸せだと思います。

涼が、足をけがして三週間過ぎた今日、足の方も良くなりつつあります。

池田先生いろいろとありがとうございます。
住屋さんをはじめ先生方には、朝夕の送り迎えありがとうございます。
クラスの皆さんお世話になりありがとうございます。
私も涼も、とても嬉しく思っています。

【二〇〇〇年十二月】

心の痛み

■ 私の願い

五年生のクラスを持った。

話したがり屋の子どもが多いクラスだった。

話したがり屋の子どもが多いだけに、人なつっこい子どもたちが多いクラスでもあった。クラスは明るい雰囲気を持っていた。

私は、このクラスの子どもたちを、さらに全員話したがり屋の子どもにしたかった。そして、書きたがり屋の子どもにしたかった。

■ 鵜丹谷悠君《うにやゆう》のこと

こうして出発した新学期だったが、一緒に学校生活を送っていると、一つ気になりだしたことがあった。それは、鵜丹谷悠君のことだった。というか、悠君へのほかの子どもの対応のきつさであった

悠君は、身体が大きく、志摩郡の相撲大会では、個人の部で第三位につける実力をみせた。そんな彼だから、ほかの子どもたちは一目《いちもく》置くだろうなと思っていた。

ところがそんなことはなく、クラスの多くの子どもたちは、悠君の一つ一つの言葉に、まるであたるかのよう

に対応するのだ。そんなとき、悠君は、笑うばかりであった。

何がそのようにさせるのか、私には分からなかった。四月の終わりに、悠君が友だちの一人を押し倒してしまうという出来事があった。事情を聞くと、それは、相手のからかいに耐えられなくなったからだった。言い返せば、口では負けてしまうので、力任せに相手を押し倒すということになったようだった。

私は、悠君を呼んで、話をした。

「悠、あんたがきちっと言い返さへんからそうなってしまうんやで。ためにためてしまうからやで。今度は、きちんと言い返さないかん」

悠君は、うなずいていた。

私は、少しほっとした。そのときの悠君の様子から、今度は、きっと、言い返すようになるだろうと思われたからである。

■ 私の勘違い

しかし、私は、このとき、大変な間違いをしてしまっていたのだった。

悠君は当然きちんと言い返せる、と思い込んでいたし、だから、言い返せない状況でずうっと苦しんでいるとは、少しも思わなかったのである。

それは、悠君が、次の日には、喧嘩をしたその相手の子と仲良く過ごしているからであった。

私は、私の悠君を見る目の鈍さによって、悠君の心の痛みに触れ得なかったのである。

私が悠君のその痛みに気づくのは、一学期も終わりに近づいてからのことだった。悠君は、翌日の作文集会で発表される四年生の諒《りょう》君の作文についての感想の中に次のように書いた。

「『体が小さいおやじ八十さい後半』とか、『体がでかいだけのほいくえんじ』などと言われてきました」

私は驚いた。私の初めて聞く容赦のない言葉であった。

そういえば、悠君がいつまでも笑いつづけているときに、「おやじ」とふざけて言われているのをときどき聞くことがあった。だが、そんなとき、悠君は、言われても大らかに笑っているだけだった。

　私は、その姿に、大丈夫ととってしまっていたのである。

　しかし、悠君が腹を立てていたのは、何人もの子どもに続けて容赦なく言われるこの「体が小さいおやじ八十さい後半」「体がでかいだけのほいくえんじ」という言葉であったに違いない。

　悠君が腹を立てて相手を押し倒したりしたのは、そんなときであったに違いない。

　そのことに気がついたとき、私は、悠君に対して本当に申し訳なく思った。

　私は、その後、悠君にもう一度、みんなの前で自分の気持ちを伝えていくように、と話した。

　悠君は、そのときも、うなずいたのだった。

　しかし、悠君は、言わなかった。その後もそれまでの日と変わりはなかった。

　私は、もう待てず、悠君には悪かったけれども、子どもたちに、話を始めた。

　七月五日、悠君の、次にあげるつづり方にある通りである。

■ 悠君のつづり方

「言わないでください」

五年　鵜丹谷　悠

六月二十八日の放課後、ぼくは、明日のふれあい集会（作文集会）で全校のみんなを前にして自分の生活を話していくために、前日に配られた作文を読み、感想を考えていました。

四年の諒《りょう》君の作文についての感想です。

諒君の作文は、

「……ぼくには友だちがいない。すぐけんかをしてしまうので友だちができない。

……それに、

『一、二さいじの、たんぽぽ組や。体だけ大きくて、のうみそは小さい』

と言われたこともあった。

……でもぼくは、友だちがほしい。」という内容でした。

ぼくは、この諒君の言われている言葉を読んだとき、胸がどきりとしました。

ぼくは、こんな感想を書きました。

ぼくも、友だちとけんかすると、諒君に似ています。

そのとき、

「体が小さいおやじ八十さい後半」

とか、

「体がでかいだけのほいくえんじ」

などと言われてきました。しかし、ぼくは、その子に言い返せません。よう言わないからです。そんなとき、ぼくは、笑っているだけです。

何人かの子にいやなことを言われて、あまり腹が立つといちばんひどく言った子をおしたおして、けってしまったりしました。

相手が泣いたらやめます。

でも、次の日になると、その子とは、すぐ仲良くなりました。

「おやじ八十さい後半」

と言われるわけは、おやじギャグを言っておやじ笑いをするからです。

「ほいくえんじ」

と言われるわけは、何にも意味がわからず話すと、

「ほいくえんじ」

と言われます。

諒君は、ぼくとちがってきちっと言い返すからえらいと思います。

諒君は、自分の悪いところまで直してでも友だちがほしいのに、なぜ友だちができないのかなと思いました。

ぼくは、諒君の友だちになろうと思います。

感想をたん任の池田先生に読んでもらいました。

先生は、何か考えるようにしていました。そして、

「悠、いったいいつからこんなこと言われ続けとるんや?」

ときいてきました。ぼくは、

「三年生のときから」

と答えました。先生は、

「悠、前も言うたけど、今度、言われたとき、みんなの前で『そんなこと言うな』と話していかないかん」

と話してくれました。ぼくは、うなずきました。話していこうと思いました。

それから、先生に、

「ふれあい集会でしっかり読めよ」

とはげまされました。ぼくは、

「はい」

と言って、家に帰りました。

次の日の五限目、諒君が作文を読み終わって、すぐ手をあげました。何番目かに当ててもらいました。

ぼくは、と中からなみだぐみました。クラスの数人の子に「おやじ八十さい後半」とか「ほいくえんじ」などと言われ続けていたことを、思い出したからです。

その日、ぼくは、こんな日記を書きました。

ふれあい集会

五年　鵜丹谷　悠

今日、五時間目にふれあい集会がありました。四年の諒君と一年のゆうま君が作文を読みました。

ゆうま君がほたるをつかまえに行った作文を読み終わり、話し合いも終わった後、諒君が作文を読み始めました。

感想を言うとき、ぼくも当ててもらいました。

感想を言い始めたときは、何ともなかったけど、自分が言われた悪口を話すところでなみだぐんでしまいました。クラスの何人かの子から悪口を言われて、言われて、いやだったことを

思い出したからです。でも、なみだぐみながら話していきました。

そうしているうちに、だんだん苦しくなってきて最後、諒君に言おうと思っていた、

「ぼくは、諒君の友だちになりたいです」

という言葉が、はっきりした言葉になりませんでした。

今度からは、なみだぐんでも、しっかり言おうと思いました。

七月に入りました。

休けい時間に、先生がいるときもいないときも何度か、クラスの何人かの子から、ぼくが、いつものように、いつまでも笑っていると、

「おやじい」

と言われました。だから、先生も知っていました。

ぼくは、そのとき、みんなの前で「言わないでください」と、よう言いませんでした。先生は、ぼくがみんなの前で言うのを待っていたんだと思います。

言わないまま、七月五日になりました。

その日、一限目から、池田先生が話し始めました。

「あのなあ。先生はな、みんなのこと好きやで。でもな、あんたらの中にあることで、一つだけ、先生、いやなことがある。

何か、わかるか？

悠に関係があることや」

ぼくは、どきっとしました。みんなも静かに先生の話をきいていました。

「悠、わかるか？」

と、先生が突然ぼくにきいてきました。

ぼくはうなずきました。ぼくは、なきそうになっていました。先生が、みんなに、

「悠に、『おやじ八十さい後半』と言った人、手をあげなさい」

と、にらむように言いました。先生の顔はこわかったです。

女の子が、三人、手をあげました。

先生は、

「この間、諒が作文を読み終わってから、みんなは、感想をそれぞれが言っていったな。

そのとき、みんなは、それぞれが〈くやしかったこと〉を話していったな。

そのとき、悠は、何と言ったか知っとるな。

悠は、何で泣いたのか知っとるな」

「悠、なんであんたは、自分の本当の気持ちをみんなにぶつけやへんのや。言われても笑とることが多いから、本気になって自分のくやしい気持ちをみんなに言わへんから、いつまでもいつまでも言われるんやぞ。

そんな〈おやじ八十さい後半〉と言われて、別にあんたがだれかをきずつけたわけでもなんでもないのに、何で、言われてだまっとんのや」

と、静かにおこって言いました。

「悠、今、みんなに話したいこと言っていけ」

ぼくは、すぐ立ちました。みんなの方を向いて立ちました。でも、すぐには言葉が出てきませんでした。

しかし、思い切って言いました。

「ぼくは、〈おやじ八十さい後半〉と言われます。言われるのはいやだから、言わないでください」

と、泣きながら言いました。みんなは、

「はい」

と、小さな声で言ってくれました。

七月七日の一限目にふれあい集会がありました。発表したのは、六年生の秀太《しゅうた》君でした。志摩町のミニバスケット大会で試合に負けてくやしかったことを話していました。もっと前から練習をしていたら、とくやんでいました。

そのとき、ぼくは、こんなことを発表しました。


ぼくは、二日前まで、「おやじ八十さい後半」やその言葉にちかいことを、三年生ぐらいのときから今年までの二年間、ずっと言われ続けてきました。

言われたときは、すごくくやしかったです。

何回も言われたときは、とくにいやでした。

二年も続いたわけは、ぼくがみんなの前で、「言われるのは、いやだ」ということを言わなかったからです。

でも、二日前、

「言わないでください」

と、クラスのみんなの前で泣きながら言いました。

みんなは、

「はい」

と言ってくれました。

その日から今日まで言われていません。

言ってよかったと思いました。

また、そういうことがあったら、みんなの前で言おうと思っています。

秀太君もくやしかったことをばねにいろんなことをがんばっていってください。


このときもぼくは、なみだぐんでしまいました。

でも、このときのなみだは、前のなみだと少しちがっていました。


悠君と一緒に思い出し直しをしながら、つづり方ができたとき、悠君の家を訪れて、悠君のお母さんに読んでもらった。

読みながら、悠君のおかあさんは、泣いていた。

そして、こんなことを話してくれた。

「こんなことがあったんですね。

くやしいです。

言った子たちに怒りを覚えます。

悠が、今度言われたら、書いてあった通り、きちんと言い返してほしい」

悠君のお母さんの言葉は、悠君のつづり方と同様、私の胸をついた。

■ 悠君への手紙

私は、七月十三日に、悠君にクラスで作文を読んでもらった。そして、悠君のお母さんの言葉も伝えた。

そのとき、クラスの子どもたちが悠君に自分の気持ちを話していった後、悠君に対して書いた手紙である。

ごめんなさい
坂　萌子《もえこ》

悪口言ってごめんなさい。

わたしも、本当は言ったらいかんなあと思っているんだけど、ほかの子が言っているとつい言ってしまいます。わたしの悪いところです。

今日、あやまってよかったです。

「悪口言ってごめんなさい」

と言ったとき、少し泣いてしまいました。そのとき、悠君は、

「ありがとう」

と言ってくれました。ありがとう。

これから言わないようにします。

悠君のお母さんが言った言葉が書いてありました。わたしは、悠君にも悪かったけど、悠君のお母さんにも、とてもつらい思いをさせてしまいました。

悠君、本当にごめんなさい。

ゆうくんへ
小川　裕加里《ゆかり》

わたしは、今まで何回もゆうくんに悪口を言っていました。おやじとか言っていました。

でも、ゆうくんはわらっていました。わたしは、ゆうくんがいやだったとは思わなくて、悪口を言っていました。ごめんなさい。

ゆうくんは、〈おこると友だちをおしたおしてけってしまいます〉と書いています。ゆうくんは、それほどがまんをしているんだと思いました。

ほかの子が、ゆうくんに何か言っていても、いかんよ、とか言ったことがありません。

ゆうくんをきずつけ、泣かせてしまったのは、わたしです。

今まで、ゆうくんに、いろいろな悪口を言ってしまいました。ごめんなさい。

もう言いません。

ゆう君へ

浜口　佳苗《かなえ》

わたしは、ゆう君に悪口を言ってしまいました。

ゆう君は、わたしやほかの人から悪口を言われてもわらっていたから、悪口を言われても平気なんだなと思ってしまって、どんどん悪口を言ってしまいました。

でも、今日読んでくれた作文やこの前の作文集会の感想でゆう君がすごくきずついていたんだなとわかりました。

わたしは、ゆう君にあやまりました。

わたしは、泣きました。

「悪口を言ってしまってごめんなさい」

と言ったけど、泣いていたので言葉になりませんでした。ゆう君のつらい気持ちがわかりました。

わたしは、ゆう君やゆう君のお母さんたちをきずつけてしまいました。ごめんなさい。

もう、ゆう君にも、ほかの人にも悪口をぜったい言いません。

わたしは、今まで、ゆう君と仲良くしていたと思っていました。でも、ちがっていました。

今度こそ、わたしは、ゆう君やみんなと仲良くしていこうと思いました。

ゆうくんへ

太田　拓郎《たくろう》

ゆうくん、ぼくは、何回も悪口を言ってごめんなさい。

ぼくは、ゆうくんが、すごくつらかったことが、ゆうくんの書いた作文ですごくわかりました。

ぼくは、たぶん、このゆうくんの作文を聞いたり、ゆうくんが、

「言わないでください」

と言わなかったら、まだ、ゆうくんに悪口を言っていたと思います。

　ぼくは、ゆうくんに、

「悪口を言って、ごめんなさい」

とあやまりました。なのに、ゆうくんは、

「ありがとう」

と言ってくれました。

　これからは、ゆうくんに、ぜったい悪口を言いません。ゆるしてください。

悠君へ　　小川　祐紀子《ゆきこ》

わたしは、悠君は、やさしいと思います。

算数の時間も友だちがわからない所があるとすぐ教えてくれます。ときには、わたしのえんぴつが動いていないと、

「わかる?」

と聞いてくれるからです。

　悠君は、悪口を言われていたけど、わたしは帰りの会などで、〈おかしい〉ということは、言えませんでした。

　これから、友だちが悪口を言われてきずついていたり、言い返せていなかったりした人がいたら、帰りの会で言おうと思いました。

　悠君が、

「言わないでください」

と言っていました。わたしは、悠君にきずつくことを言っていないから、これからももちろん言わないようにします。

　わたしも悪口を知らないうちに言っていると思うから、これから口に出してしまいそうになったら、ぜったいにおしこんでしまおうと思いました。

　悠君が、こんなに心にきずがついているとは知りませんでした。

　悠君は、言われた三人の女の子に、

「悪口言ってごめんなさい」

とあやまられたとき、悠君は、

「ありがとう」

と言っていました。すごいと思いました。あやまってくれたことがすごくうれしかったんだと思いました。

わたしはこれからも悠君ともっとなかよくしたいと思います。

悠君へ　　切本《きりもと》　潤《じゅん》

ぼくは、去年、何人かの人から、

「はげ」

と言われていました。

でも、ぼくは、自分の頭を見ることができないから、うそか本当かわかりませんでした。だから、言われてもぴんときませんでした。ぼくは、毛のないところもあるんだなあと思いました。

はげと言われるといやでした。


だから、悠君の気持ちは少しわかります。

ただ、ぼくは、クラスのみんなの前で今回の悠君みたいによう言わないと思います。

でも、ぼくは今年、泣きながらでしたが、クラスのなかで、作文集会では全校のみんなの前で、初めて見た、なくなった父さんの夢のことを話すことができました。話すとなみだがでてくるのだけど話すことができました。だから、クラスでもこれからは、言えると思います。

ぼくは、これから、もし、いやなことを言われたらみんなの前で言っていきます。

悠君もいやなことを言われたら話していってください。

悠君へ　　小川　恭曜子《きよこ》

七月十三日の一限目、悠君のことで話し合いをしました。

悠君が、作文を読み終わったとき、わたしはなけてきました。

わたしは、児童会の書記になるとき、

「書記になったら、いじめやさべつを無くしていきたい」

と言ったのに、悠君を守らず、しかも言う方についてしまったからです。ごめんなさい。

悠君は、わたしと口げんかしたときは、かならず電話で、

「ごめん」

と言ってくれました。けんかしてあやまりの電話をしてくるのは悠君だけでした。こんなに悠君はやさしいのに、わたしは悪かったと反省しています。

いままでわたしは悠君の友だちだと思っていたけど、本当の友だちではありませんでした。四年ぐらいから何回かいやなことを言ってしまっていたからです。

これからは、わたしは、悠君の本当の友だちになりたいです。

悠さんへ

西岡　志織《しおり》

わたしは、背《せ》が低いから、上の学年の人や下の学年の人から、

「背え小さいな」

とか、

「ちび」

と言われます。

七月十三日に、ゆうさんのことで話し合いました。ゆうさんの作文を聞いて、ゆうさんは、悪口を言われすごくくやしかったことがわかりました。

ゆうさんに悪口を言った人が、ゆうさんにあやまったときに、ゆうさんは、何も言い返さず、

「ありがとう」

と言っていました。あやまってもらったのがうれしかったんだと思いました。

わたしが、ゆうさんだったら、

「ありがとう」

とは、よう言わないと思います。

もしもわたしが、今までゆうさんをきずつけることを言っていたらあやまっておきたいです。

わたしは、人から悪口を言われても何も言い返せません。だから、今度は、わたしは、

「言わんといて」

と言っていきます。

わたしもがんばるから、ゆうさんもがんばって言い返してください。

ゆうくんへ　　中村　あゆみ

ゆうくんの作文を聞いて、ゆうくんに二年間も何人かの子が、

「体が小さいおやじ八十さい後半」

と、悪口を言っていました。

ゆうくんが、

「そんなわる口を言わないでください」

と言って、みんなが、

「はい」

と言いました。

わたしも、にたようなわる口を、ふざけて言ってしまっていました。

ごめんなさい。

これからは、もう言いません。

ゆう君へ　　西岡　栞《しおり》

ゆう君は、悪口を言われても、すぐにゆるしてやさしいと思いました。

わたしだったら、もしかしたら自分は、ゆるしたつもりでも、いつまでも心の中でずうっとおこっているかもしれないからです。

わたしもゆう君に知らないうちに悪口を言っていたかもしれません。気をつけようと思いました。

ゆう君は、えらいと思いました。悪口を言われた

ら、わたしだったら、おこって、すぐたたいたり、おいかけたりして、相手があやまるまでしてしまうからです。

ゆう君が、悪口を言われても言い返さないから、わたしは、言われてもいやじゃないんかなあと思っていました。

わたしは、たまに、ゆう君に何も言われていないのに、きつい言葉を言うときもあったから、その言葉で、ゆう君をきずつけてしまったかもしれないから、これからは、言わないようにします。

ゆうくんへ

西村　亜沙香《あさか》

七月十三日、ゆうくんが、クラスで作文を読んでくれました。ゆうくんは、二年間もわたしたちの悪口に苦しんできたんだということが、今日よくわかりました。

わたしもゆうくんに一回は悪口を言ってしまっています。ごめんなさい。

前、七月五日に、ゆうくんが、

「おやじ八十さい後半などと言わないでください」

と言ったとき、わたしたちは、

「はい」

と言いました。その日から、ゆうくんに、

「おやじ八十さい後半」とか「おやじ」とか、言わなくなりました。よかったです。

今日、あらためてゆうくんの書いた作文を聞いて、ゆうくんの大変さがわかりました。

ゆうくんは、作文を読んでいるとき、

「また、そういうことがあったら、みんなの前で言おうと思います」

と言いました。

わたしも、もし、いやなことを言われたら言おうと思います。

ありがとう　　　　鵜丹谷　悠

三年のときから、〈おやじ〉などの悪口を言われ続けていやだった。

でも、七月五日に、

「言わないでください」

と言ってよかったと思う。

七月五日から今日（七月十三日）までの八日間、だれも悪口を言ってこなくてうれしい。

このまま悪口を言われないのが、続けばいいと思った。

三年のときからの悪口のことで、ゆかりちゃんともえこちゃんとかなえちゃんと拓郎君に、泣きながら、

「悪口を言ってごめんなさい」

とあやまってもらった。うれしかった。

そのあと、三年生のときから一度でも悪口を言った子たちにもあやまってもらった。うれしかった。

ぼくも、その子たちに、

「ありがとう」

と言った。

クラスの子たちが悠君を真正面から見て、頭を下げながら「ごめんなさい」と言うと、悠君は、「ありがとう」と返していた。

悠君は、クラスのみんなの手紙を聞き終わって、晴れやかな表情をしていた。静かな落ち着いた表情をしていた。

■もう一つのこと

この出来事にかかわり、悠君のつづり方のなかにも書かれていないことで、子どもたちに注意をしていったことがある。そのことを付記しておきたい。

何かというと、悠君がほかの子から言われた「体が小さいおやじ八十さい後半」とか「体がでかいだけのほいくえんじ」という言葉自体の問題である。つまり、その

ように言って相手を不快にし、ばかにした行為そのもの以外に、これらの言葉自体が大きな問題を抱えているということである。

「おやじ」と呼ばれる父親たちがいる。「八十さい後半」と呼ばれる老齢者たちがいる。「ほいくえんじ」と呼ばれる幼児たちがいる。さらには、「体がでかい」「体が小さい」と呼ばれる、そんなもって生まれた体つきの人たちがいる。

「体が小さいおやじ八十さい後半」という言葉や「体がでかいだけのほいくえんじ」などの言葉は、それが、相手を不快にする言葉として使われたとき、それは同時に、その言葉が表す人たちをも侮蔑《ぶべつ》していることになるのだ、ということを、私は、子どもたちに指摘し、注意をしたのだった。

　他人を笑いものにする浅薄《せんぱく》な態度を目にし耳にしたとき、私たちがそれを見過ごすことなく厳しく、正しく指導すべきなのはもちろんのことだが、同時に私は、その場合の揶揄する言葉自体が抱える問題についても、細心の注意を払って正しく把握し、きちんと指導をしていかなければならないと考えている。

■ 私の願い

私は、初めに、

「クラスの子どもたちを、全員、
　『話したがり屋の子ども』に、
　『書きたがり屋の子ども』にしたい」

と書いた。

私は、悠君の心の痛みに触れるなかで、もう一つ、クラスの子どもたちと大事にしていかなければならないことを確かめた。

それは、

〈『人の心の痛みに共感のできる子ども』にしたい〉

ということである。

【二〇〇一年七月】

「お父さん」を語る

■「お父さん」を語る

私は、切本潤君《きりもとじゅん》を五年生で受け持った。

潤君は、自分から進んで発言をするという子どもではなかった。しかし、話しやすい子どもであった。

潤君が、文をつづると、ときに、亡くなったお父さんのことが書かれてあった。

後で知ったのだが、潤君がお父さんのことをつづったのは、潤君が一年生でお父さんを亡くして以来、この五年生のときが初めてのことだったらしい。

【一学期】　学級のみんなが家族のことをつづったとき、潤君は、お父さんのことをつづった。

お父さんの夢　　　　　五年　切本　潤

ぼくは、四年生のとき、お父さんの夢をみました。その夢は、二人でいっしょに買い物に行った夢でした。

ぼくは、お父さんの車に乗せてもらって、和具《わぐ》の「主婦の店」に行きました。ぼくが、おかしを選んでいたら、いつの間にかお父さんがいなくなってしまいました。ぼくは、さがしていました。さがしているときに、お母さんに起こされました。

　お母さんは、

「潤、さっき、うなされとったよ」

と言いました。ぼくは、お父さんを思い出して、急にさみしくなって泣きました。お母さんが、

「どうしたん?」

ときいてきました。ぼくは、

「お父さんの夢を見た」

と、泣きながら、お母さんに言いました。お母さんは、ぼくのそばでしばらく何も言わずじっとしてくれていました。

　ぼくは、お父さんがなくなってからずっと一ヶ月に一回ずつお父さんのお墓まいりに行っています。

　お墓まいりにお母さんが行くとき、お母さんが、

「墓に行くよ」

と言ってくれます。ぼくとお姉ちゃんは、お母さんの後について行きます。

　お墓に着くと、お母さんは、そなえてあるはなを代えてそうじをします。ぼくは、いつもそのはなをすてに行きます。お母さんは、

〈お父さん、潤と実香《みか》を守ってね。わたしも守ってね〉

とおいのりするのだそうです。ぼくも、

〈お父さん、守ってよ〉

といのっています。

　お父さんの夢をみると、また、泣いてしまいそうだけど、お父さんに会えるのでまたみたいです。


潤君のお父さんを想う気持ちが、お父さんを夢に現したのかもしれない。

　潤君は、この「お父さんの夢」を読んだとき、読み始める前から涙ぐんでしまった。

　しかし、涙ぐみながらも、最後まで、一文一文かみしめるようにして読んだのだった。

■ 正対するということ

私は、子どもたちがその暮らしをつづったら、それを

まず学級のみんなの前で読んで発表するようにと勧める。

楽しかった暮らしやうれしかった暮らしならば、私が何も言わずとも、進んで話をしてくれるであろう。

ここでいう〈暮らし〉とは、書きづらかったことを乗り越えて書いた〈暮らし〉である。

潤君の場合は、「お父さん」のことであった。

私は、潤君に、お父さんとの思い出を、お父さんの「死」の部分も含めてきちんと残しておいてほしいと思った。

私が、潤君に「お父さん」のことでつづることを勧めると、潤君は、素直に、進んで「お父さん」のことを書き出すのであった。

私は、潤君のお母さんと、

「潤君が、お父さんのことで書き始めたので、お母さんに尋ねることもあると思います。そのときは、ていねいに返してやってください」

と話し合った。

もし、子どもが、自分から進んで書かないときは、書きづらいことを書いてくれる子どもの発表に、自分の暮らしを重ねて話すという場を何度か経させながら、その子どもが書きたくなるようになるのを待つようにしている。家の人とも話をして、家の人からも折に触れ子どもに書くことを誘っていただくようにお願いしている。

そして、つづり方ができたとき、まずは、その子どもに発表することの了解を得る。次に、家の人に了解を得る。

このことを抜きにして、みんなの前で発表させることはできない。

潤君も、今述べてきたような経過を経て、「お父さんの夢」を読み、涙したのだった。

さて、このような取り組みを読まれて、あなたは、どのように考えられたであろう。

「潤君は、まだ話したくはないお父さんのことを読むことを勧められて、傷ついたのではないだろうか」と心配されただろうか。それとも、「そっとしておいてやったほうがよかったのではないか」とか、「潤君が、『お父さんの夢』というつづり方を読み始める前に涙ぐんでしまったのならば、それ以上潤君には、読ませないほうがよかったのではないのか」とか、「潤君が、『お父さん』について語るとき、一文一文がなかなか読めないのに、なぜ、無理に読ませようとするのか」などと考えられたであろうか。

だが、私は、そのようには考えない。

私はむしろ、事態にきちんと向き合うようにさせていくことが大切だと思っている。

もし、そっとしておいてやろうとか、話題にしないでおいてやろうとか、避けて通ろうとかと思うのなら、それは、だれが避けているのでもない。私たちだけが、避けているのだ。

私たちが話題を避けても、潤君は、避けようもなく、その話題の渦中にいるのである。

潤君が道を歩けば、父と子が楽しそうに歩いている姿を見ることは常なのだ。教室で、

「昨日、父ちゃんと一緒にキャッチボールしたよ、先生」などという姿を見ることも常なのだ。

事態にきちんと向き合うこと、正対することだけがそれを乗り越えていく道ではないか、と私は思っている。

潤君は、「お父さんの夢」をつづったとき、父親を亡くしたその悲しみに自分なりに向き合ったのであり、そして、みんなの前で頑張って読んだことで、いっそうはっきりと事態に向き合って、それに正対する姿勢と心の強さとを大きくしたのだと思う。

◇

【二学期】　学級の何人かの子どもたちが家族のことをつづったとき、潤君は、こんなことをつづった。

（また家族のことか、などと言わないでほしい。例えば、「母親」のことについてだけでも、題材として、「母の笑顔」「母の涙」「母の手」「母の足の裏」「母のくせ」「母との旅行」「母の仕事」「母の病気」「母の夢」「母の失敗」「母の好きな物」「母と父の喧嘩」「母の願い」など、子どもたちが見つめるべきこと、あるいは今まで気づかなかった新しく発見すべき内容がいくつもあるのだから。）

家族

ぼくは、お父さんがいません。

お父さんは、ぼくが一年生のとき、事故でなくなっています。

ぼくは、お母さんと姉さんとおばあちゃんと四人でくらしています。

ぼくのお母さんは、今、電気器具やパソコンの中の部品を作っています。

次々に運ばれてくる器具を作っていて、もともといたみのあった指がますますいたくなるのだそうです。

指のいたみにたえきれないので、いたみが治る注射を、今まで四回しています。この前、かん護婦さんに、

「このいたみ止めは、何回も注射してはいけないので、今度いたみがでたら手術をすることになります」

と言われたそうです。

この前、お母さんは、

「指が、また、いたなってきたよ」

と言っていました。もし、お母さんが手術するなら成功してよくなればいいのにと思います。

お母さんがもし指の手術をしたら、十日ぐらい入院しなければいけません。その十日間、ごはんを作らなければいけません。おかずを作らなければいけません。おかずは姉さんにまかせても、ごはんはぼくがたこうと思います。

ぼくのクラスには、あと二人、男の子がいます。二人は、お父さんもお母さんもいます。

お父さんがいたらいいのに、と思いますが、ぼくは自分の家族が好きです。


潤君がこのつづり方を読んだその日は、保護者の参観日であった。

潤君は、このつづり方を読むとき、一行目の、〈ぼくは、お父さんがいません。〉を読むのに時間がかかった。そして、少し涙ぐんだ。

しかし、最後まで読みきることができた。

授業の後で、潤君のお母さんが、一人、教室に残っていた。

私は、潤君のお母さんに、

「潤君、お父さんのことを、泣きながらでも最後まで読みきりましたね。がんばりましたね」

と話しかけた。すると、お母さんは、

「あれでよかったんでしょうか。潤は、傷ついてはいないのでしょうか」

と、心配そうに私に尋ねるのだった。

私は、「お父さん」のことを読み終わった後の潤君の休憩時間の表情や様子を、お母さんに伝えた。

「そうなんですか。そうですよねぇ。潤は、五年になって、ますます伸び伸びしているように、私にも見えますからねぇ」

と、お母さんは、ほっとしたのか、何回も小さくうなずきながら話してくれるのだった。

■「わたしのだいじな人」について

【三学期】 私は「わたしのだいじな人」についてつづることをクラスのみんなに勧めた。

まず、自分の父親のことを話した。

◇

父は、定置網《ていちあみ》の漁師であった。二十人ほどの水夫《かこ》と共に、毎日、仕掛けた網を引き上げ、捕れた魚を選《よ》り分けて競《せ》りに出し、それから家に帰ってきていた。

父は、四十代のころから、酒を飲む量がとても多くなった。夜は、酒に飲まれて何もしない父と、懸命に働く母との喧嘩が絶えなかった。口喧嘩だけでなく、互いに手も出る喧嘩だった。小学生の私が、父に向かっていっても、父を止めることはできなかった。

五十代もそうであった。

六十歳のとき、椎間板《ついかんばん》ヘルニアの手術をした後、漁師をやめた。酒を飲む量はますます多くなった。

そして、とうとう、六十四歳、六十五歳のときには、アルコール依存症で入院までした。痴呆もひどくなった。

その後、酒がやんだと思ったら、六十七歳で口腔内《こうくうない》の癌になってしまった。

父は、七十一歳のとき、自宅で亡くなった。

こう話をすると、なんだか、父のことで、家族が悲しかったことや辛かったことばかりになってしまうが、もちろん、悲しく辛いことばかりではない。

父は、水夫たちに人気があった。

みんなで沖に出て、網を上げて魚を捕った後、そのうちの少々を船の上でさばいて、刺身《さしみ》にして酒を飲みながら帰ってくるのだった。そういうとき、水夫たちの食べようとする魚は、めずらしい、しかもおいしい魚である。しかしそれは、値の高い魚でもあった。

それを見ると、まとめ役の一人は、

「その魚はさばくな。値がええから」

と言うのだった。そうすると、水夫たちは、もう一人のまとめ役でもあった父に、

「池《いけ》よ、この魚、食わせてくれえ」

と頼むのだった。父がそのまとめ役の人に、

「おい、食わしたったれ。みんな一緒に汗流して捕った魚や。値のええ魚やいうても、二、三匹や。これが楽しみで働いとるんやから。明日の元気のもとなんやから」

と言うと、もう一人のまとめ役の人は、

「しゃあないなあ」

と言って父に従うのだった。そんな話を母から聞いた。

家でも、酒を少ししか飲んでないときの父は、おもしろくて寛容な父だった。私の大好きな父だった。

アルコール依存の父とのやりとりも、癌であった父の看護もたいへんであった。そんな中、父が、亡くなる三日前に、母に言った言葉が忘れられない。

その日の朝、父が、

「美佐《みさ》(母の名前は美佐代《みさよ》なので、父は母をこう呼んでいた)よう、さっきなあ、ひろし(亡くなった仲のよかった漁師仲間)が、『池よう、そんなとこに、しんどそうにして寝とらんと、こっちへこい。こっちは、楽やぞう』と言うんやあ」

と言うので、母が、

「そんなら、わしのこと気にせんと、行ったらよかったのに」

と言ったらしい。するとその後、父は、

「いや、なあ。人が死ぬときにはなあ、別の人の悪いと

こも持っていけるらしいでなあ。雅治の頭の悪いとこを持ってかななあ、と思ってさ」

と言ったという。母も、父に、

「そうやなあ、持っていっておくれよう」

と返したんだと、母は私に話してくれた。

〈頭の悪いとこ〉とは、私が、父の亡くなる一年前に開頭手術を受けた脳腫瘍のことである。父は、私が、手術の前しきりに「頭が痛い」と言っていたのを気にしてくれていたのだ。

私は、父が最期に遺してくれた優しい言葉に涙したのだった。そんな父でもあったのだ。

◇

そんな話を、学級のみんなにした。

話のあと、みんながそれぞれにつづり始めたとき、私は、潤君に、

「お父さんのことでつづれる」

と尋ねた。潤君は、しっかりとうなずいた。

潤君は、〈お父さんの亡くなった日のこと〉から書き始めていた。


潤君に確かめておきたいことがあったので、私は、休憩時間に潤君を呼んで、次のような話をした。

「今、潤は、〈お父さんが亡くなった日のこと〉から書き始めたね。先生もそれでいいと思う。今回は、一つの出来事だけではなく、いくつかの出来事を時間の順序通りに続けて書いてみないか。

まず、今、書いている〈お父さんが亡くなった日のこと〉、次には、次の日の朝にあった〈火葬場でのこと〉、それから、その日の〈お通夜のときのこと〉、そして、その次の日の〈お葬式があった日のこと〉を書くといい。さらに、〈お葬式の後のこと〉、最後に、〈最近、お父さんのことで思うこと〉を、よく思い出しながらつづっていこう。わからないことがあったら、お母さんに聞くといいよ」

潤君は、それらをノートの隅に番号をつけて書きこんでいた。

一週間後、潤君が、

「先生、書いてきました」

と、お父さんのことをつづった文章を差し出した。原稿

用紙五枚にもなっていた。

それを読んだ後、私は、わからなかったところを潤君に尋ねて確かめていった。潤君が思い出せないところは、お母さんに尋ねるようにと伝えた。そのような共同推敲を二度繰り返した。

こうしてできあがったのが、次のつづり方である。

■ 潤君のつづり方

お父さん

五年　切本　潤

ぼくが、一年生のときのことです。

十二月、授業参観が終わってから、お母さんとお姉さんとぼくととなり町《まち》の和具《わぐ》の農業祭に行きました。バイクで行きました。ぼくがお母さんの前に乗り、お姉さんは後ろに乗っていきました。

お昼ご飯を食べに行こうとしたら、お母さんに電話がかかっている、と農業祭の係の人が話してくれました。その電話は、お父さんが、事故をしたという電話だったようです。

すぐにバイクで家にもどりました。

タクシーをよんで、三人で阿児《あご》町にある志摩《しま》病院に行きました。

志摩病院に着いて、お母さんが、受けつけの人に、

「切本ですが」

と言うと、その人が、

「ろうかで待つように」

と言いました。そこには、お父さんの仕事場の社長さんも来てくれていました。

十分ぐらいして、お医者さんに、

「部屋に入るように」

と言われました。

お医者さんに案内されて、社長さんとともにしょ置室に向かいました。

しょ置室のドアの前に立ったとき、お母さんは、

〈この子たちをお父さんに会わせたらいかん〉

と思ったようです。お母さんは、ぼくとお姉さんに、

「ろうかにいなさい」

と言いました。そのとき、ぼくは、ろうかを行ったり来たりしていました。

お母さんは、しょ置室に入って、お父さんを見たときのことをこう話してくれました。

お母さんは、お父さんはねていると思ったそうです。しかし、よく見たら、息をしていません。何回見ても、息をしていません。お母さんは、ぼうっとして、お医者さんの話が耳に入らなかったようです。ただ、ジェットコースターにぶつかったということしか聞こえなかったと言いました。

お母さんが、部屋から出てきました。

「お父さん、死んでった」

と、お母さんは小さい声で言いました。その後、お母さんは、気がぬけたようにまどの外をずっと見つめていました。

ぼくは、そんなお母さんをじっと見ていました。

この日、お父さんは、磯部《いそべ》町にある〈スペイン村〉での最後のほ修工事で、ジェットコースターが走っている近くの仕事だったそうです。

警察の人も、お父さんがなぜジェットコースターとぶつかったのかわからなくて、

「事件と事故の両方でみている」

と、警察の人は、お母さんに言っていました。

夜になって、親せきの人の車に全身毛布でつつまれたお父さんを乗せて、いっしょに家に帰りました。

事故の知らせがあったのが午後一時半で、病院に行き家に帰ってきたのが午後八時でした。家に入ったら、親せきの人がみんな来ていました。

おばあちゃんのふとんにお父さんをねかせました。

お父さんの顔は、両ほほに強く打ったきずがありました。目と口はとじていました。

お父さんは、頭をジェットコースターにぶつけたのでなくなったのだと、お母さんが親せきの人に言っていました。

次の日の朝、お父さんをひつぎの中にそう式の係

の人たちがそうっと入れました。そのとき、ぼくは、お父さんが遠くに行ってしまうような気がしました。ぼくは泣きました。お姉さんも泣いていました。

その後、ぼくは、だれかが、

「火そう場《ば》に行くよ」

という声を聞きました。ぼくは、車に乗り、お父さんが入ったひつぎの横にすわりました。

火そう場に行って何をするのかぼくは知りませんでした。

火そう場で親せきのおじさんが、ぼくに、

「お父さんのひつぎをあの入れ物の中に入れて、燃やすんや。そしたら、そのけむりが外にあるえんとつから出てくる。お父さんのけむりや。そのけむりを、空に見送ってあげような」

と言いました。ぼくは、びっくりして、泣き出してしまいました。となりにいたお姉さんも泣いていました。ぼくたちは、いっぱい泣きました。

そのとき、親せきのおばさんが、

「見ていられんから、この子ら、家に連れて行くわ」

と言ってくれました。

その日の午後四時からお通夜《つや》を行いました。ぼくは、きりの箱に入ったお父さんの横にすわっていました。

近所の人がおくやみに来てくれました。

西根校長先生、前田教頭先生、お姉さんのたん任の竹内先生、ぼくのたん任の北井先生も来てくれていました。お父さんの仕事場の社長さんも来てくれました。お母さんの仕事場の社長さんも来てくれました。

クラスの子からも手紙をもらいました。

手紙には、次のように書いてありました。

〈家で男は、じゅんくんだけになったね。じゅんくん、がんばってね〉

もう一つの手紙には、

〈じゅんくん、ようかんは、いつでも食べられるよ。じゅんくん、がんばってね〉

と。

ようかんのことは、ぼくが、学校でクラスの子に、

「今日は、大好きなようかん食べられる」と言ったからです。

お父さんが事故にあった日、お父さんがぼくの好きなようかんを買ってきてくれることになっていたからです。そんなことをくわしく言わずに話したものだから、このような内容の手紙になったのだと思います。

次の日は、おそう式でした。ほうじゅ院（越賀の人は、中寺《なかでら》と言っています。それは、越賀の真ん中にあるから中寺と言っているそうです）でしました。

朝の十時におそう式が始まるから、ぼくたちは、早めにお寺に行きました。

ぼくは、お寺の中のいちばん前の方にすわりました。

ぼくのたん任の北井先生が、クラスの子を三人連れて来てくれました。近所の人も、来てくれていました。となりに住んでいる同じクラスの佳苗《かなえ》さんのおじいさんも来てくれていました。その人たちには、お寺の中に入ってもらいました。


外には、たくさんの人が来てくれていました。おしょうさんが来て、おきょうが始まりました。

ぼくは、前の方にすわっていたから、きん張しました。

しばらくしてから、ぼくとお母さんと親せきの人がおしょうさんのところに行きました。

ぼくは、おしょうさんから、お父さんの「いはい」をわたされました。そして、おしょうさんのすぐ後ろを歩くように言われました。ぼくの後ろにお母さんがいたので少し安心しました。

後で聞いたんだけど、ぼくが「いはい」を持って歩いているとき、佳苗さんのおじいさんが、

「まだ、一年生なのに」

「じいさんが、じゅんのお父さんになったる」

と言ったそうです。ぼくは、

「なれるはずないやん」

と、小さい声で言ったそうです。

でも、今思うと、その言葉は、佳苗さんのおじいさんのせいいっぱいのやさしさだったんだと思いま

す。

お父さんがなくなってから、四年がすぎました。その間に、ぼくは、お父さんの夢も見ました。そのたびに泣きました。お母さんに、

「お父さんに会いたい」

と言って泣きました。泣いているときは、お母さんがずっとそばにいてくれました。

今も、一ヶ月に一回は、ぼくとお母さんとお姉さんで、お墓におまいりに行きます。そのとき、お母さんは、お父さんに、

「子どもたちを守ってね」

「わたしも守ってね」

とお願いしているそうです。ぼくも、そのとき、

「お父さん、ぼくを守ってね」

とお願いしています。

今年の二月十六日には、お父さんが楽しみにしていたおばあさんの八十八さいのお祝いをします。たくさんの人が来てくれます。お父さんも喜んでいると思います。

ぼくとお母さんとお姉さんは、この日にお父さんのお墓に行こうと思っています。お父さんの好きだったお酒やビールをそなえたいと思っています。

潤君は、読んでいるとき、三度言葉につまったが、最後まで涙することなく読み終えた。学級の子どもたちは、全員、〈わたしのだいじな人〉について書いていたので、そのつづり方を潤君の暮らしに重ねて話したのだった。

二人の子どものつづり方を載せる。

潤君へ

太田《おおた》　拓郎《たくろう》

潤君の話を聞いて、

「火そう場で親せきのおじさんが、ぼくに、

『お父さんのひつぎをあの入れ物の中に入れて、燃やすんや。そしたら、そのけむりが外にあるえんとつから出てくる。お父さんのけむりや。そのけむりを、空に見送ってあげような』

と言いました。ぼくは、びっくりして、泣き出して

しまいました。ぼくたちは、いっぱい泣きました。」というところが心に残りました。

　ぼくも、火そう場で自分のおじいさんを燃やすとき、いっぱい泣いたから潤君といっしょだと思いました。

　ぼくが、三年生のとき、おじいさんが、なくなりました。おじいさんは、事故ではなくて、胃ガンという病気でなくなりました。

　ぼくは、おじいさんが、入院したばっかりで、まだ自分で立ったりできるとき、おじいさんにしていたことがあります。

　それは、おじいさんを病院の屋上に車いすに乗せて連れていき、好きなたばこをすわせてあげることでした。

　おじいさんは、おいしそうにたばこをすっていました。その顔がわすれられません。

　おじいさんが、なくなる前、病院の先生が、おじいさんに心ぞうマッサージをしていました。ぼくは、泣きながら見ていました。そして、なくなりました。

そのとき、ぼくはすごく泣きました。潤君がお父さんをなくしたときの気持ちを、ぼくは、よくわかります。

潤君へ

鵜《う》丹《に》谷《や》　悠《ゆう》

ぼくも、拓郎君と同じところが心に残りました。

ぼくは、三年生のとき、じいちゃんがなくなっています。火そう場で、じいちゃんを焼いているとき、いとこのせいりょうが持ってきていた本の取り合いをしていました。今、思うと、まわりの人にめいわくをかけたと思います。はずかしいです。

最後、じいちゃんの骨をぼくは、一本、きりの箱に入れました。でも、潤君は、お父さんが焼かれるのが悲しくて、すぐ帰ったから、骨を入れられなかった。

　ぼくは、潤君が、四年生のときにお父さんの夢を見たと五年生になって初めて聞きました。

潤君は、お父さんの骨は拾えなかったけど、潤君のお父さんは、潤君の心の中にいるんだと思いました。


拓郎君と悠君は、泣きながら語っていた。

潤君も、泣きながら、話を聞いていた。

■「お父さん」を語る

潤君は、学級のみんなが感想を語っている間、ずっと、顔をあげて声を出さず、涙をふきふき聞いていた。

潤君は、自分のつづった「お父さん」を読んでいるとき、懸命に涙をこらえていたに違いない。

その我慢が、学級の子どもたちの温かい言葉に触れてほどけ、いちどに涙があふれたに違いない。

学級のみんなの話が終わったとき、私は、潤君に、

「潤。お父さんのことを語るときは、一学期も二学期も、涙ぐんでいてなかなか読めなかったのにねえ。三学期、このつづり方を読んだときには、泣かずにしっかり読めたね。

えらかったね。成長したね。

そして、学級のみんなの言葉もありがたかったね」

と言ったのだった。

きっと、私は、自分も、何人もの人の前で亡くなった父のことを語るとき、涙しそうになり、口調が変わってしまうことが何度もあったから、右のように言ったのだと思う。

■心を共にし、心を分け合う場

私は、涙しながら亡くなったお父さんのことを語る潤君が好きである。

涙を胸の奥深くにためながら、お父さんのことを語る潤君も好きである。

学級の子どもたちが、潤君の暮らしに重ねて、涙しながら自分の暮らしを語る姿に、堪えきれないようにして涙する潤君の姿も好きである。

人が涙しているのに、懸命に涙をこらえているのに、

どうしてそんなことを言うのか、と思うかもしれない。

そうではない。涙を喜んでいるのではない。

潤君が見せるそれらの姿に、私は、お父さんの死という過酷な現実に懸命に向き合っている彼のひたむきな姿を見、それに打たれるのだ。あるいはまた、お父さんのことを読み終わった後、潤君が見せるいつも以上に清々しい表情や、友だちと明るく過ごしている姿に、心が洗われるような思いをするからだ。

その語り合いの場は、まさしく、「心を共にし、心を分け合う場」になっていた、と私は思う。

そんな場に居合わせることができたことを、潤君に、そして、学級の子どもたちに、私はとても感謝している。


【二〇〇二年二月】

聞き取る

■ どこに力を入れてつづらせるか

五年生から持ち上がりの子どもたちとは、つづり方の一つ一つをみんなで読み合い、話し合う学習を昨年度から継続してきている。

その学習の内容は、それぞれの暮らしに関心を寄せ、その暮らしに自分の暮らしを重ねてつづり、発言し、話し合いをするというものである。

そうすることの中で、どんなことでもつづっていけるのだということを、子どもたちは少しずつ学んでいく。

一方、私の方からは、右のそれぞれの学習の場で、折に触れ、書きにくいことも積極的に書いていくことを勧めていく。

書きにくいこととは、例えば、子どもが、〈父ちゃんと母ちゃんの喧嘩のことを書いたら、後で家で怒られへんかなあ〉、〈先生の苦手なこと書いたら、先生に悪いかなあ〉、〈友だちが仲間はずしをしていることを書いたら、その友だちに今度はぼくが避けられるかなあ〉などということである。

そういう表現の自由を拘束しているものから解放してやるのである。子どもの〈こんなことは書いたらいけない〉という概念を、一つ一つ砕いていくといってもいい。

しかし、そのためには、まず、教師が、すすんで自分の暮らしを語っていかなければならない。また、子どもが、教師を批評することをつづってきても、耳が痛かろうが、胸にこたえようが、おおらかに受けとめていかなければいけない。

「子どもたちは、私をこのように見ています。いろいろ考えさせられました」と、学級通信に載せていくぐらいの気持ちでいるのがいいと思う。

そうでなければ、保護者に対して、「子どもが、家の人のことで何か書いても、受けとめてやってもらえませんか」ということも言えなくなってしまう。

ということは、〈意味のある文章〉も〈値打ちのある文章〉も書いてこないということになるのだ。

逆に言えば、教師が、自分への批評もおおらかに受けとめていけば、子どもは、〈意味のある文章〉や〈値打ちのある文章〉を書いてくる可能性があるということになる。そうすると、保護者にも、協力してもらえるようになっていくのである。

その点から言えば、まずは、教師が解放されていないといけないということになる。それは、むずかしいことである。しかし、少しずつ心を解放していくことを心がけていかねば、と私は思っている。

ところで、子どもたちが書きにくいことを書き始めたら、ぜひともその内容を生かしきるようにさせなければならない。

そのためにまず大事なことは、より正しく、詳しくつづらせることである。そこで、子どもたちに、詳しく思い出すようにはたらきかけるのだが、それだけでは、十分でない場合が多い。記憶には偏りや限界があるし、子どもたちが知らないこともたくさんあるからである。

そこで、どうしても家の人の協力が必要になる。その協力を得る最も有効な方法が「聞き取り」という作業である。

「聞き取り」には昨年度も取り組んだのだが、十分には深めきれなかった。そこで、本年度は、この「聞き取り」を大事にして、つづり方を進めていきたいと考えた。

そしてその「聞き取り」を、まず、〈家族〉に対してさせたいと思った。

家族は、子どもの身近にいるのだから聞き取りがしやすいだろう、というのが一つの理由である。

しかし、それだけではない。

子どもに聞かれた家族の人は、子どもが自分や自分の仕事に関心を持っていることを知って喜ぶであろうし、そうすればしぜんに、その話の中で、自分のこれまでのものごとのやり方や考え方という「生き方」を伝えようとするであろう。すると、子どもは、その話の中で、家族の人の〈人となり・人間性〉に触れていくに違いない。子どもと家族のつながりはそういう場で深まっていくのではないか、ぜひそうあってほしい、そう願ったからである。

そのために、昨年度に引き続き、課題を〈自分にとってのだいじな人を生活の中から見つけて、つづっていく〉とし、さらに〈自分にとってだいじな人〉を、まずは家族にしぼっていった。

■ 私の「聞き取り」

私は、小学生のとき、母に、戦争があったころどのようにして暮らしていたのか聞いたことがある。

母は、こんなことを話してくれた。

「わしは、高等小学校を出た後、半年ほど家で手伝いをしとたら、名古屋にいる親戚の人から、手紙がきた。手紙には、わし宛に、

〈早く、仕事につかんと、とんでもなく遠いとこに仕事に行かされるようになるよ〉

という言葉も添えられていた。その頃は、戦争時やから、「徴用」っていうてな、学校を出ると、本人の希望や家の都合や場所の遠さなんかお構いなしに、国から強制的に遠い兵器作りの工場などへ働きに行かされたんよ。

そして手紙には、名古屋の中川区にある鉄工所を紹介してくれたんや。わしは、遠いとこ行くの嫌やから、名古屋の鉄工所に行くことにしたんや。

同郷の友だちと二人で、名古屋にある鉄工所に臨時的に勤めることになった。父さん（母の父、つまり私の祖父）も、名古屋の中川区やけど、別の鉄工所に仕事をしに来てて、わしと父さんは、わしが行く鉄工所の近くの

家の二階に下宿をさせてもらうことになったんや。友だちは、同じ中川区の親戚の家の二階に下宿することになった。

鉄工所に行くと、そこで、戦争に使う飛行機の部品を作ることになったんや。その当時、名古屋の鉄工所といえば、ほとんど三菱重工の下請け会社やった。

ときどき、空襲があってなあ……。空襲のときは、アメリカ軍の爆撃機B《ビー》29が数機、低空飛行で飛んでくるんや。近づいてくるんが、音の大きさでわかる。飛行機の発動機を作る製作所や飛行機本体を作る製作所に爆弾や焼夷弾《しょういだん》を落としていくんや。わしらのおった鉄工所はまぬがれたけどな。それでも、空襲警報が鳴り続けるから、鉄工所の近くの簡易の防空壕に入って突っ伏していたよ。〈この上に落ちんように〉と祈り続けとたさ。

空襲は、日を追って本格化してなあ。大空襲がいくつかあった。その中の一つ。昭和二十年の三月やった。B29が、大編隊でわしらのおるとこにも飛んできて、ものすごい数の焼夷弾を落としていった。焼夷弾は、斜めにつきささるように地面に落ちて爆発して燃える。斜めに落ちるので、落ちた前の方は爆風があまりないけど、後ろは、とても強い爆風と熱風があったよ。

そのとき、わしは、防空壕で、生きた心地せんかった。B29のすさまじい爆音が、遠ざかっていくのを聞いて、防空壕から外に出るとなあ、外は、焼夷弾のあまりの多さに、煙も、土煙も多くて、昼間だというのに、うす暗かったよ。太陽は、ぼんやりと光っとたなあ。

わしは、すぐ、父さんのことが頭に浮かび、父さんを捜しに行ったんや。父さんのいた鉄工所に行くと、近くにはいくつもの防空壕があった。鉄工所の人が、父さんの入ってた防空壕は押しつぶされた言うので、わしが、

『それで、父は』

と、あわてて尋ねると、

『ああ、お父さんは、運良く助かった。両端から入れる防空壕にいて、真ん中がつぶれたので、真ん中にいた人たちは亡くなってしもたが、両端にいた人は助かった。お父さんは、端にいたので助かったよ。ただ、壕がつぶれたとき、柱（防空壕の支柱）に足がはさまれて、左足が動かなくなったようや。近くの幼稚園が救急所になっ

ているから、担架《たんか》で運ばれていったよ。幼稚園に行ってみな』

と言われたから、わしは、急いで幼稚園へ行った。

幼稚園に着くと、運動場には、いくつもテントが作られていてね……。

受け付けで、父さんの名前と背格好を言うと、どのテントに行ったのか教えてくれた。幼稚園の中も、テントの中も、負傷者でいっぱいやった。

父さんがいるというテントに入ると、二十人ほどの人がいたかなあ。『ウーン、ウーン、ウーン、……』『いたい、いたい、いたい、……』という声が切れ目なく聞こえてくるんや。父さんを捜すために、一人一人を、ようく見た。テントの中は、手がもがれた人や、足がもがれた人や、手も足ももがれた人ばかりやった。みんな、包帯はされとるんやけど、その包帯が血で真っ赤になっていた。

この人は、何も唸《うな》ることもないんやなあと思って、ようく見ると、その人は、亡くなっとるんやった。そんな人も何人もいた。

『それはもう、地獄も地獄、大地獄《おお》やったわ』

いくら捜しても、父さんがおらんから、そのテントの入口のところの受け付けの男の人に尋ねてみたら、

『その人、担架で運ばれてきたけど、ここにいるほかの負傷者のりがひどいやろう。悪いけど、包帯だけ巻いて帰ってもろたよ。棒渡したら、足、引きずって帰っていったわ。すまんかったわ』

ということやった。

わしは、もう一度、父さんのいたつぶれた防空壕に戻った。そしたら、父さん、おったよ。そのとき、ほんと、うれしかった」

小学生の私は、母が話してくれる戦争のときの話を興味深く聞いた。母の話す、傷を負った人たちはどうなったのだろうと考えさせられた。母が、その人たちを見てどんなにつらい思いをしたかと思うと、私も悲しくなるのだった。同時に、母も祖父も生きていてくれてよかった、と思うのだった。

母の我慢強いところや、つらく悲しい人に寄せる優しい思いは、こんなところからも生まれているのかな、と

思ったものだった。

そのときから、五十年がたった。

私の父（母の夫）は、口腔内の癌になっていた。

癌を取り除く手術は、十七時間もかかった。

手術は幸いにも成功したが、悪いことに、首の前の部分に移植するために六センチ角の皮膚を切り取った手首の傷痕が、耐性《たいせい》の黄色《おうしょく》ぶどう球菌（病院の中にしかいない、抗生物質でも生き残ってしまう病原菌）に感染して、膿《う》んでしまった。抗生物質はなにも効かないので、イソジンという薬で消毒するという単純な方法しかなかった。

消毒は、一日に三回行われた。

父を治療をするとき、医者や看護婦は、父の手首の黄色ぶどう球菌が自分たちの肌や着衣に付かないように、部屋に入る前に、外で、手を消毒し、使い捨てのビニルの手袋をつけ、手術用の帽子、マスク、予防着を身につけるのだった。

ほかの部屋にも回診に行くので、菌を手や衣服に付けてしまうわけにはいかないから、手術をする格好での治療は仕方がないのだが、消毒される父は、きっとまるで手術室にでもいるような気がしていたのではなかっただろうか。

母と私は、たまらないような思いで治療を見ていたのだった。

一ヶ月ほどしたある日、父が母に、

「みさ（美佐代）よう。おれなあ、あの人らあ、消毒してくれるんは有難いんやけどなあ、あの格好でされると、なんやら、情けのうなってくるんや。あの人ら、来たとき、そばにおってくれよう」

と頼んでいるのを聞いたことがある。よほど辛かったのであろう。

手首の腐食は、なかなか止まらなかった。

手首は、腐食により、筋が見え、その下の肉の細胞が死に、掘れたようになっていた。私は、その部分を見ると、父には悪いが、気持ちが悪くなるのだった。もちろん、そんな様子は見せたつもりはないのだが、父にしても、手首の傷を見れば不安で仕方がなかったはずだ。

そんなある日、治療に来た看護婦さんが、母に、小さな声で、

「腐食がなかなか止まりません。もう少しかかると思います。付き添いの方で、治療を見ていると気持ちが悪くなる人もいますから、どうぞ、部屋の外で治療が終わるまで待っていてください」

と言った。しかし、母は、

「わしは、若いとき、手がもげたり、足がもげたりした人を何人も見たことあるから、この人の手首見たぐらいでは、なんともないよ」

と言い、

「部屋におってもええかなあ」

と言って、部屋を出ようとはしなかった。

その様子を見て私は、母が、小学生の私に何度も話してくれた戦争のときの話を思い出し、同時に、数日前に、父が母に「そばにおってくれよう」と頼んでいたことを思い出した。そして、そのとき、母の強さと母の父への気遣いが、よくわかったのだった。


私は、小学生のとき、戦争のときの母の話を聞いていてよかったと思う。戦争の頃のいろいろな出来事は、当然母の人柄に影響を及ぼしていると私は思っているが、なかでも、話に聞いた空襲を受けたときの悲惨な出来事の経験を、母は、自分の強さの一部として取り込んでいる、ということを知らされたからである。

これも、母という「人」に触れたということの一つなのであろう。

聞き取りは、聞いたそのときにだけ子どもの心に響くのではない、と私は思う。子どものときはもちろん、大人になってからも、折に触れて浮かび上がり、懐かしさと新鮮な喜びや驚きを与え続け、よい意味で影響を及ぼし続けるに違いない。

それが、保護者と子どもをつなぐ一つのありようではないか、私はそう思うのである。

■ 子どもたちの聞き取り

クラスの十二人の子どもたちが聞き取りをするつづり

方は、昨年度、みんなが書いた「わたしのだいじな人」である。それらは、「母」のことや「父」のことや「亡くなった祖父」のことであった。

聞き取ることを含めたつづり方の指導を、私は、次のようにすすめていった。

① 放課後を利用して、「わたしのだいじな人」について書いたつづり方を、一人一人、私と一緒に「思い出し直し」（共同推敲）をする。その中で家の人に聞かないとわからない質問が生まれる。

② 家の人に「聞き取り」をする。

といって、いきなり「聞いてこよう」と呼びかけるだけで、その「聞き取り」が滑らかに始まるものでも、稔りあるものになるものでもない。何よりも、聞き取る相手やねらいや内容が当の子どもにはっきりしていなければならない。

そこで、私は、子どもたちに、それぞれが書いた文章を読み返させ、もっと膨らませるべきところを考えさせた。さらに、私との共同推考から生まれた疑問を合わせて、最初の聞き取りをさせることにした。

また、「家の人の仕事」についてのアンケートを渡して「聞き取り」をするときの参考にさせた。

「家の人の仕事」についてのアンケート

1. 仕事の種類は？
2. 仕事の内容は？・始まる時間・終わる時間
   ・休けい時間・一日の仕事の流れ
3. 仕事のきびしさは？・休みの日
   ・どこがつかれますか
   ・けが、病気の経験・気を使うところ
4. 家に帰ってほっとするのは、どんなとき？
5. 仕事をしていてうれしかったことは？
6. くやしかったことや困ったことは？
7. 仕事についたきっかけや理由は？
8. 仕事の大切さや自分の技術は？
9. 子どもへの願いは？

③ 聞き取ったことを入れながら、初めのつづり方を

書き直す。

④　書き直したつづり方を読んで、もう一度、共同推敲をする。

⑤　さらに、家の人に聞く必要があるときは、「聞き取り」をする。

共同推敲と「聞き取り」を二回繰り返すと、よく聞き取りのできたつづり方ができる。ただし、共同推敲をしたり、「聞き取り」をしたりする内容や回数は、その子どもに応じて、あるいは、そのつづり方に応じて、柔軟に考えていくことにした。

■ 悠《ゆう》君のつづり方

潤《じゅん》君へ　　鵜丹谷《うにや》　悠

ぼくも、拓郎君と同じところが心に残りました。

ぼくは、三年生のとき、じいちゃんがなくなっています。火そう場で、じいちゃんを焼いているとき、いとこのせいりょうが持ってきていた本の取り合いをしていました。今、思うと、まわりの人にめいわくをかけたと思います。はずかしいです。

最後、じいちゃんの骨をぼくは一本きりの箱に入れました。でも、潤君は、お父さんが焼かれるのが悲しくて、すぐ帰ったから、骨を入れられなかった。

ぼくは、潤君が、四年生のときにお父さんの夢を見たと五年生になって初めて聞きました。

潤君は、お父さんの骨は拾えなかったけど、潤君のお父さんは、潤君の心の中にいるんだと思いました。

この文章は、〈わたしのだいじな人〉という題で書いた友だち（潤君）のつづり方「お父さん」を聞いて、そこに自分の暮らしを重ねて書かれている。

その視点は、例えば、次のようである。

①　友だちは、お父さんを事故のため亡くしている。
　ぼくは、おじいさんを病気のため亡くしている。

②　ぼくは、おじいさんの骨を拾えた。

友だちは、お父さんが焼かれるのが悲しすぎて、火葬場にいることができなかったので、骨を拾うことができなかった。

③　しかし、友だちは、お父さんの夢を何度も見るから、〈お父さんは友だちの心の中にいる〉と思う。

このつづり方で私が注意を引かれたのは、悠君の、特に最後の文に示されている友だちへの優しさであった。

しかし、もっと心惹かれたのは、悠君がおじいさんのことを語るときの様子である。

悠君は、おじいさんが亡くなってからのことを、ずっと泣きながら話していた。おじいさんや家族の人たちとのさまざまなことが浮かんでいたからであろう。

私は、悠君の話を聞きながら、友だちへの思いやりとは別に、ここでの悠君にとってのもう一つの主題であるおじいさんのことを、ぜひきちんとつづらせていきたいと思った。

そこで、まずこの文章を一文ずつ、ていねいに読んで、二人で「思い出し直し」をしていった。

二人で、こんな話し合いをした。

〈ア　・おじいさんは、体のどこが悪かったのか。

・いつから悪かったのか。

・どんな体の具合だったのか。

・おじいさんは、入院したり、手術をしたりしなかったのか。

・このとき、おじいさんは、何歳だったのか。〉

ここまで、思い出し直しをしていたら、悠君が、

「じいちゃんは、もっと若いとき、ぼくが産まれる前にも、別の病気で病院に入院していたことがあると聞いた」

と言い出した。

「じゃあ、そのことも、おばあちゃんやお母さんに、ていねいに聞いておいで」

と、「聞き取る」ことを伝えた。さらに、

〈イ　・おじいさんの退院後、悠君は、おじいさんとどのようにして暮らしていたのか。〉

〈ウ　・亡くなる前、おじいさんは、どんな様子だったのか。悠君もふくめて家族の人たちは、どんな様子だったのか。〉

〈エ　・おじいさんが亡くなったとき、悠君や家族の人たちは、どんな様子だったのか。〉
〈オ　・おじいさんが亡くなった後、家族のだれかに変わった様子はみられなかったか。〉

など、自分でも思い出しながら、さらに、自分が思い出すことができないことやはっきりしないところは聞き取るように、と伝えたのだった。

悠君は、私との共同推敲をしてつづり直した後、最初の聞き取りをして、さらにつづり直した。

その後、悠君は、学級でみんなから、「つづり方のなかでよく書かれているところ」や「つづり方を何度読んでも、まだ、よく分からないところ」について話を聞き、学習をした。

そして、それを受けて、私は、もう一度、悠君と一緒に、聞き取る内容を確かめ直し、それらをおばあさんやお母さんからさらに詳しく聞き取ることを勧めた。

この二回目の聞き取りには、私も加わった。

そして、聞き取りの後、悠君は、もう一度、書き直すのである。

このように、「聞き取り」は、一回で済むものではなく、繰り返すことが必要な場合が多い。繰り返していくには、学級の友だちの指摘や注文という協力と、指導者のていねいな指導＝共同推敲が欠かせない。

しかし、こうして繰り返していく中で、より正しく、詳しくつづろうとする子どもの意思や態度は強くなり、子どもと家族の結びつきもいっそう強まっていくのだ。

こうしてできあがったのが、次のつづり方である。

じいちゃん

六年　鵜丹谷　悠

ぼくがお母さんのおなかのなかにいたときのことです。

じいちゃんは、骨がのどにささっているわけではないのに、ささっているような気がすると何度もばあちゃんに言っていたそうです。

じいちゃんは、度会郡《わたらいぐん》にある山田赤十字病院（日赤）の耳鼻咽喉科《じびいんこうか》で、のどのおくまで小型カメラを入れてのぞいてみてもらいました。みてもらったら、うずらの大きさほどのできものが、のどの声帯（のどの真ん中あたりにある声を出す器官）にあることがわかりました。病気のことを勉強していたじいちゃんは、先生に、

「ガンですか」

とたずねました。先生は、しばらく間をおいて、

「ガンかもしれません」

と言いました。そして、それは、喉頭《こうとう》ガンかもしれないということが分かりました。

喉頭ガンは、のどぼとけを中心に発生するガンなのだそうです。

じいちゃんは、四十九さいでした。

じいちゃんは、家に帰ってきてから、検査の結果喉頭ガンだとわかってからも、家族みんなに迷わくをかけまいと、病気のことなんか気にしたふうもなく、明るくふるまっていたそうです。

三ヶ月後、日赤に入院しました。

じいちゃんの喉頭ガンの手術は、二十二時間もかかりました。

手術室は、現在の新築した手術室ではなく、古い手術室でした。その手術室の入口の両ドアは、閉まるところが一センチほど開いていました。中は、左右合わせて手術室が六室ありました。

手術の時間があまりに長かったので、浩人《ひろと》おっちゃん（父の弟）たちが、心配して、手術室の入口のすき間から、ときどき、中をのぞいていました。中を見ると、手術をする先生たちは、何度か手術室から中にあるろうかに出てきていました。出るたびに、かたを回したり、足ぶみをしたりして、また手術室に入っていったそうです。

その手術で、じいちゃんは、食道にある声帯をとって、移植により小腸を代わりにつけました。

じいちゃんは、ICU《アイシーユー》（集中強化治りょう室）に十五日間いました。しかし、部屋にもどった次の日から、歩行器に手をついて歩いていました。看護婦さんたちは、じいちゃんが、歩き出すのが早いので

おどろいていたそうです。

入院してから三ヶ月後、退院しました。

じいちゃんは、家では、気管から出るねばねばしたたんがのどのおくにつまるといけないので声帯の部分に直径一センチほどの穴を一つ開けていました。だから、話すとき、声がうまく出ませんでした。話し言葉は、いつもじいちゃんの声を聞いている家族にしか分かりませんでした。

ほかの人に話すときには、ハンドベルのベル部分の形をしたそのベルの先のところ（直径三・五センチの大きさのもの）を、開いた穴に当てて、当てたものに引っついている十五センチほどある管を口の中に入れて話していました。その声は、はっきりとわかる声でした。

その後、元気になったじいちゃんに、ぼくは、三さいのときから、保育所に単車で連れていってもらっていました。

また、車でのドライブが好きなじいちゃんは、思い立った日に、ばあちゃんとぼくを乗せて、伊勢自動車道を走り、二時間少しかけて鈴鹿《すずか》郡の「関《せき》インターチェンジ」に行っていました。それは、そこで、アワビ入りやエビ入りのはんぺんを買うためでした。ぼくも、このはんぺんが大好きでした。じいちゃんには、車で志摩郡内のいろいろなところに連れていってもらいました。そんなに、元気なじいちゃんでした。

そのじいちゃんが、ぼくが三年生の六月に、こしが痛いのが治らないので、日赤に見てもらいに行きました。

検査をしてもらったら、肝《かん》臓ガンということがわかりました。すぐ、日赤に入院しました。

じいちゃんは、日に日に体の具合が悪くなりました。歩くこともできなくなりました。食べることもできなくなりました。

じいちゃんの体の様子がちょっとでも変わると、ぼくは、学校がある日でも、学校を早退して、お父さんに車に乗せられて日赤へ行っていました。

ときに、家族は、日赤に入院しているかん者の家族がとまる部屋で、とまりもしました。そんなとき、ぼくは、じいちゃんの部屋が二人部屋で、ずっと、もう一つのベッドが空いていたから、そのベッドでねさせてもらいました。

三ヶ月が過ぎました。

九月二十日、ぼくは、空手《からて》の練習が町内の和具《わぐ》というところであるので、和具の親せきの家にとめてもらうことにしました。家族のみんなは、日赤のじいちゃんの部屋につめていました。

その日の夜は、次の日、学校があるので、早めにねました。

次の日の午前一時ぐらいに、町内の御座《ござ》の新吾《しんご》おっちゃん（母の兄）にむりやり起こされました。

起きると、おっちゃんは、

「悠、車に乗れ」

と、何かあわてて言うのでした。ぼくは、ねぼけたまま車に乗りました。車は、ぼくの家に着きました。

家のげん関には、何足も大人の男の人のくつや女の人のくつがありました。

ぼくは、〈どうしたのかな〉と思いました。家の中に入ると、親せきの人が何人も泣いていました。〈もしかしたら、じいちゃんがなくなったんやろか〉と思い、胸がどきどきしました。

新吾おっちゃんが、家の座しきに行きました。ぼくもついていきました。そこには、ひつぎを囲んで、家族のみんなや親せきの人たちがいました。泣いて赤い目をしていたり、じいちゃんを泣きながらさわっていたりしている人もいました。

ひつぎの中でじいちゃんは、ねむったようにして横になっていました。

ぼくは、〈うそや……〉と思いました。そのまま、ぼくは、自分のベッドのある部屋に行って、ベッドの上でうつぶせになって泣いていました。いつの間にかねむってしまったようでした。

朝の八時前に起きて、すぐご飯を食べて、阿児《あご》町にある鵜方《うがた》の火そう場に行きました。

火そう場で、九時から十一時半まで、じいちゃんを焼いてもらいました。

焼き終わる少し前に、火そう場の人が来ました。

焼き終わると、その人が、ひつぎに入ったじいちゃんを引き出しました。骨だけが現れました。

その人は、

「りっぱなお骨《こつ》です。骨《ほね》をこの箱に入れてください」

と言って、白いきりの箱を手で指しました。ぼくは、泣きながら、足の骨を一本、箱に入れました。

次の日は、そう式でした。

そう式は、越賀の宝珠院《ほうじゅいん》が新築中だったので、家でしました。座しき二部屋を使ってそう式をしました。

そう式は、じいちゃんのかい名《みょう》の書かれた「いはい」を乗せた置物とじいちゃんの骨が入った「きりの箱」を真ん中にして、女の人たちと男の人たちが両側に別れて、すわっていました。そう式が進むにつれ、女の人たちの方からも男の人たちの方からも泣く声が聞こえてきました。ぼくも泣きました。

そう式の後、鵜丹谷家の墓に行きました。

じいちゃんの骨が入った箱を、墓に持っていきました。墓の土は、七十センチ近くほってありました。

その中に、父さんが、きりの箱を入れました。その箱の上に、家族や親せきの人たちが、スコップで土を一回ずつかけていきました。ばあちゃんも、母さんも、ぼくも、泣きながら土をかけました。

次の日から、ぼくたち家族は、四十九日間、毎日、朝五時に起きて、じいちゃんの墓にお参りに行きました。

じいちゃんがなくなって、ばあちゃんは、何だか元気がなさそうでした。

じいちゃんがなくなった次の日から、ぼくは、じいちゃんがねていたダブルベッドに、ばあちゃんといっしょにねています。

ばあちゃんは、ぼくに、

「悠は、いつまでわしといっしょにねてくれるかいねぇ」

と、笑いながら言っていました。

悠君は、つづり方を読んでいるなかで、

「家のげん関には、何足も大人の男の人のくつや女の人のくつがありました」

というところから、涙声になってしまった。しかし、最後まで読み切った。

私は、悠君の最後の言葉、

「じいちゃんがなくなってから、ばあちゃんは、何だか元気がなさそうでした。

じいちゃんがなくなった次の日から、ぼくは、じいちゃんがねていたダブルベッドに、ばあちゃんといっしょにねています」を聞いて、悠君のおばあさんを思う気持ちがよくわかった。そして、おじいさんにたいしてもきっとそうだったんだろうと思ったのである。

■ 拓郎君《たくろう》のつづり方

おじいさん

六年　太田　拓郎

ぼくは、三年生のとき、志摩町の布施田《ふせだ》にあるB&G《ビーアンドジー》でじゅう道を習っていた。

ある日、おじいさんが、テレビを見ているだけなので、ぼくは、いつものように、おじいさんに、

「じゅう道しよう」

と言ってさそった。ぼくとおじいさんは、いつもじゅう道をする座しきに行った。

そんなとき、おじいさんは、いつも手かげんをしてぼくとじゅう道をしてくれた。それでも、ぼくは、大外がりをされたり、ねわざで三十秒間おさえつけられたりして、いつも負けていた。

負けて、ぼくが、いじけていると、おじいさんの方から、

「じゅう道やろっ」

と、逆にさそわれた。そして、そんなときは、おじいさんは、いつも、負けてくれた。

そのようにして、おじいさんと過ごしていたころのことだった。

ある日、おじいさんが、真じゅ養しょくの仕事から帰ってくると、

「背中が痛い。つかれた」
と、背中に手をあてながら言っていた。

それから、だんだんと食欲がなくなってきて、大好きなカツオのさしみが夕飯で出ても、おじいさんは、

「食べたくない」
と言うようになってきた。

だから、町内の和具にある前島《さきしま》病院にみてもらいに行った。前島病院には、CT《シーティー》（コンピューター断層さつえい）がないので、阿児《あご》町の鵜方《うがた》にある志摩病院に行ってCTで痛みのある背中を中心にとって、写真だけもらって、もう一度、前島病院でみてもらった。そこでは、連れていったお母さんが別の部屋に呼ばれて、先生から、

「どこから転移したのかわかりませんが、背骨にガンらしきものが引っ付いています。すぐ日赤《にっせき》（度会《わたらい》郡にある山田赤十字病院）に行かれたほうがいいです」
と言われたので、おじいさんは、おばあさんとお母さんといっしょに、お父さんの運転で、日赤に行った。

その日から、おじいさんは、日赤に入院した。

一週間後、検査の結果がでた。日赤の先生は、お父さんたちに、

「ガンは体のいたるところに広がっています。もとは、胃からきていると思われます」と言われたそうだ。

おばあさんとお父さんとお母さんは、おじいさんには、胃ガンで、そのガンが骨にもそしてほかの内ぞうにも広がっていることを伝えないことにしたようだった。

ぼくは、そのことは知らなかった。

治るものだと思っていた。

ぼくたち家族は、休みの日や学校が終わってから、おじいさんのお見まいに行っていた。

ぼくが行くと、おじいさんは、

「拓郎、たばこ吸いに連れていってくれ」
と言うのだった。

だから、ぼくは、おじいさんを車いすに乗せてあげて、屋上に連れていった。

屋上のはしに行き、景色のよく見えるところに車いすを止めた。

屋上で、おじいさんは、景色を見ながら、ゆっくりけむりをはいた。それはもう、おいしそうに吸って、はくのだった。

そのときのおじいさんの顔が、忘れられない。

おじいさんは、たばこを一本だけ吸って、部屋に帰った。

このことを、おばあさんも、お父さんも、お母さんも知っていた。たばこが体によくないことも、もちろん知っていた。しかし、おじいさんは、もうこれ以上よくはならないから、いえ、どんどんと悪くなるばかりだから、せめて好きなたばこは吸わせてあげようと、お父さんたちは思ったのだそうだ。

それから、一ヶ月もすると、おじいさんは、起きられなくなり、たばこも吸いにいけなくなった。

起きられなくなった日から、おばあさんが、病院でつきそうことになった。

おじいさんは、ぼくたちがお見まいに行くごとに、やせていった。

ぼくと五さいのけんとは、おじいさんに、

〈早く、元気になって〉

という内容の手紙を書いた。

入院してから、三ヶ月たった。

その日、お父さんから学校に、

「早く帰ってこい」

という電話があったと教頭先生が伝えてくれた。

帰ると中、

〈おじいさんが、どうかしたんだ〉

と思いながら、走って家に帰った。

着くとすぐ、家族みんなが車に乗って、病院にむかった。やはり、おじいさんの具合が悪いためだった。

病院に着き、おじいさんのいる部屋に行った。

おじいさんの部屋は、六階の内科病とうにあった。

六階にエレベーターが着くと、おばあさんが、ナースセンターの前の公衆電話のところのいすにすわって泣いていた。

おばあさんといっしょにおじいさんのいる部屋に急いで行った。

部屋に入ったら、おじいさんは、病院の先生に心ぞうを両手で力いっぱいおされているところだった。ぼくは、その様子を見て、泣いてしまった。

先生たちの努力もむなしく、おじいさんは、息をふき返さなかった。

おじいさんは、六十四さいだった。


ぼくは、ときどき、道を歩いていて、畑で働いているおじいさんを見たり、道で立ち話をしているおじいさんの後ろ姿を見たりしたとき、〈ぼくのおじいさんに、よく似ているなあ〉と思い、じっと見ていることがある。

また、家で、家族のアルバムを見ていて、おじいさんの写真が出てくると、おじいさんが真じゅの仕事をしていたときの顔や、いっしょにじゅう道をしてくれていたときの顔や、おじいさんがぼくをほめてくれたときの顔や、病院の屋上でたばこをおいしそうに吸っていたときの顔などが次々とうかんでくるのだった。

おじいさんがなくなった後、ぼくも元気がなかったけど、おばあさんの方がもっと元気がなかった。

今年で、おじいさんがなくなってから、もう三年がたつ。

今、おばあさんはというと、顔が、生き生きとしている。

おばあさんは、友だちの人たちとカラオケを習っていたり、友だちの家で、カラオケで歌を歌ったりしている。友だちの家でカラオケがあると、帰ってくるのは、夜の十時を過ぎる。日本ぶようもならっている。習字も習っている。おばあさんは、いろいろとちょう戦している。おばあさんは、とても元気になった。

ぼくも、今、毎日、学校でミニバスケットの早朝練習と放課後練習をしている。そして、一週間に二回、B&Gで、志摩町のミニバスケットの好きな子どもたちといっしょにミニバスケットの練習をしている。

　ぼくは、おばあさんが、一日でも長く元気でいてほしいと願っている。


　拓郎君も、読み出したら、すぐ涙声になってしまうのだった。でも、最後まで一言一言つなぎ合わせるようにして読み終えた。

　拓郎君は、聞き取りにより、これまで聞かなかったことを知ることになった。おじいさんの病気の厳しさと、おばあさんやお父さんやお母さんのおじいさんを気遣う優しさである。しかも、それは、拓郎君に対しての優しさでもあったことを知ったのであった。

　拓郎君は、これからも、何度も、おじいさんを思い出すことだろう。

　しかし、今、おばあさんは、いろいろなものに挑戦して、元気だ。

　拓郎君もおばあさんに負けないぐらい、元気だ。

■萌子《もえこ》さんのつづり方

お母さん

六年　坂　萌子

お母さんは、阿児《あご》町の鵜方《うがた》に建てた「坂歯科」で歯医者として働いています。

お母さんは、朝、心がへこんだ気持ちでいるとき、出がけに近所のおじさんやおばさんに、

「おはようございます」

と、あいさつをかわした後、

「まあ、じゅんこちゃん、仕事けぇ、気ぃつけて行けよう」

と言ってもらえたりすることがあります。そんなとき、へこんだ気持ちが少し元気になるのだそうです。

わたしは、いつもは、

「行ってらっしゃい」
と言うのだけれど、ミニバスケットの朝練《あされん》があるときは、
「行ってらっしゃい」
と言えません。これからは、わたしが、早く学校に出かけるときにも、お母さんに一言、
「お母さんも気をつけてね」
「お母さんも行ってらっしゃい」
などと言おうと思います。

お母さんは、朝、七時半に車で出かけ、三十分ほどで病院に着きます。着いてから、しんりょう内容の予習をしたり、昨日のカルテに書き忘れたことや昨日みえたかん者さんの治《ち》りょうに対しての希望や感じていることなどをできるだけ思い出して、その人のカルテに書きます。通用口のそうじやプランターに植えた花に水をやったりもします。

しんりょうが始まるまでの時間は、車で病院に移動する時間も入れて、頭を整理したり、心に元気をつけるための時間なのだそうです。

九時からしんりょうを始めます。

昼休みは、午後一時から、午後三時までです。そのとき、しんりょうはしていないけど、しんりょうに必要な書類のコピーをしたり、病院でいるタオルや切手などを買いに行ったり、それから、わたしのことを考えていたりするそうです。

毎日、三十人くらいの人をしんりょうしています。

仕事が終わるのは、午後六時半から七時ぐらいで、その後、スタッフと自分の反省点をメモします。次のミーティングで話すためです。その後は、自分でカルテとしんりょうした内容とのチェックをします。さらに、初しんの人には、治りょう計画を立てておきます。

仕事場を出るのは、午後八時で、帰ってくるのは、八時半ぐらいです。

休みの日は、木曜日と日曜日と祝日です。

でも、休みの日でも、仕事に行く日があります。前の日にやり残したことがあるからです。

わたしは、〈そうだ。今日は、お母さんが休みだ

な〉と思って、学校から急いで帰っても、いないときがあるので、そんなときはとても残念です。

仕事から帰ってきたときのお母さんは、つかれた顔をしています。わたしが、お母さんに、

「どんなところがつかれるの」

と聞くと、

「一位は心。二位はなくて、三位は、こし。四位は、目。五位は、なし。六位は、口」

と答えてくれました。二位と五位がないということは、よほど、心と目が、つかれるんだなあと思いました。

わたしは、お母さんが、目がつかれると言っているのは聞いたことがあります。口の中をのぞきこみ、歯の部分部分をじっと見続けているからでしょう。でも、こしがつかれたとか、口がつかれたとかは聞いたことがありませんでした。〈そうかあ、中ごしで治りょうをしなければならないこともあるしなあ〉〈また、治りょうのことを一人一人にていねいに話してあげないとかん者さんは、不安だろうから、気持ちを落ち着かせるためにも、よく話をしているんだなあ〉〈それに、子どもの中には、言うことを聞いてくれない子どももいるだろうから、なだめたり、たしなめたりしないといけないし、そう言われると、確かに口がつかれるだろうなあ〉と思いました。

この前の休みのとき、お母さんは、熱が四十度もありました。内科医のおじいさんに、ブドウ糖に熱冷ましのこうせい物質を入れて点てきをしてもらっていました。次の日、熱が下がりきっていないのに、仕事に出かけて行きました。

そのとき、仕事をするということは、熱が出ていても、そうかん単には休むことができないのだということがわかりました。お母さんの場合は、しんりょうの予約が入っているし、かん者さんの歯の痛みを取らないといけないし、歯へのつめ物をしてあげないといけないからです。大変だなあと思いました。

お母さんに、

「仕事をしていて、けがしたことある」

と聞いてみました。

「あるよ。子どもの治りょうするとき、治りょうをいやがりあばれる子どもがいてさ。もし、治りょうをやめたら、また、今夜も歯が痛くなってねむれないと思って、泣いてあばれても治りょうしないといけないから、スタッフ五人に両手、両足、頭をおさえてもらい治りょうをしてくんやけど、それでもすごくあばれるから、ますいを入れた注射針で自分の指をさしてしまって、その子どもの血液がわたしの体に入ってしまったこともあるよ。そのときは、以前、三重大学附属病院に勤めていたとき、小児科《しょうにか》の二人の先生が、子どもによる針のさし傷で病気がうつって、二人とも相次《あいつ》いでなくなってしまったことを思い出してね、こわかったよ。それに、あばれる子に、指をかまれて、二、三日、指がはれているときもあったよ」

と、お母さんは、話してくれました。

　お母さんは、家に帰って、げん関で、

「ただいま」

と言ったとき、明るく、

「おかえり」

と、家族の声が聞こえるとほっとする、と言っていました。そして、

「とくに、萌子が、げん関に出てきてくれるときがね」

と話してくれました。

　わたしは、「おかえり」とは言うのですが、このごろ、げん関に出ていって、言ってはいません。

　わたしは、お母さんの仕事の大変な様子を聞いていて、わたしの声を聞いたり、顔を見たりしてほっとしてもらえるのなら、今日からでも、げん関に出ていって、

「おかえり」

と言ってあげたいと思いました。

　お母さんは、仕事をしていて、うれしかったことも話してくれました。

　前歯を気にしていた人に、

「ワァー、こんなにきれいにしてくれてありがとう」

と言われたり、

「もう痛くない」

とか、

「あんたに全部まかす」

とか、子どもから、

「わたし、歯医者さんになる」

など、す直《なお》な言葉をもらったとき、とてもうれしいと言っていました。そんな言葉を言ってくれたら、うれしいだろうなあと思い、わたしまで、うれしくなりました。

　わたしは、お母さんに、

「おじいさんは内科医なんだけど、ほかの科の医者とお母さんがしている歯医者では、どっちがつかれるの？」

と聞くと、お母さんは、

「それは、ほかの科の医者の方が大変と思う」

と、すぐ、話してくれました。わたしは、できたら、ほかの科の医者になりたいので、〈えー、お母さんの仕事もすごく大変なのに、もっと大変なのう〉と思いました。そのとき、少し迷ったけど、でも、やっぱり、わたしは、医者になりたいです。

　お母さんは、わたしが産まれる前に、お父さんとりこんしています。わたしは、お父さんがどんな顔をしているのか知りません。どんな声をしているのかも知りません。知っているのは、名前だけです。

　わたしは、お母さんに、

「お父さんと別れてさみしくないの」

と聞きました。お母さんは、

「さみしくないよ。仕事もたくさんできるしね。……」

「お父さんとは、三重大学のふ属病院で知り合った。お父さんは、そこの医者で、お母さんは、研修医だった。二人とも同じ階で働いてて、お父さんは、かん者さんのことをとても親身になって考える人だった。

　結こんしてから、お父さんは越賀《こしか》の近くで働くと言っていたけど、遠くで働きたいと言うしね。……。別れた。……」

「でも、今思うと、わたしも、少し自分勝手だった」

と言っていました。そして、

「でも、別れてよかったよ」

と言っていました。


お母さんは、去年の五月から始めた「坂歯科」で、毎日、けん命に働いています。

お母さんは、大変だけど、今、とても生き生きしています。


萌子さんは、お母さんから仕事の話を聞いて、働くということは、心も体も疲れることなんだなあと思ったことだろう。しかし、その仕事の中で、患者さんから大変だったことが全て忘れられる言葉をもらえる、やりがいのある仕事なのだなあと思ったことだろう。

■「聞き取り」が生むもの

聞き取りをしていて、保護者や子どもから、こんな話を聞いた。


「家は、うなぎ屋をしとるんやけど、店の名前は『織川《おりかわ》』にした。子どもには言わんでもわかっとると思って言わんかったんやけど、子どもが仕事のことをていねいに聞くので、娘に、

『店の名前の織川の織は、あんたの名前の志織《しおり》の織や』

と言ったら、すごく喜んでたわ。

先生、言わないかんもんやねぇ」


「母ちゃん、ホームヘルパーでいそがしくしとるのに、いろんなこと話してくれた。お年寄りの下《しも》の世話をしたり、その人の舌にあうように料理を工夫したり、悩みごとをていねいに聞いたりするのを聞いた。いそがしくしとるのがよくわかった。

それに、毎日、家のそうじも洗濯もするし、料理も作るし。

わたし、もっともっと手伝わないかんと思った」


聞き取りの良さは、こんなところにもあるのだろう。

子どもたちの今回のていねいな聞き取りがきっかけとなって、家の人は、ますます子どもにいろいろと話をし

ていくだろうし、子どもも、ていねいに、家の人の話を聞くようになっていくだろう。そして、互いに結びつきを深めていくことだろう。

子どもたちは、さらに、聞き取りを広げ、「人」に関心を持ち、「人の生き方」に目を開き、自分の生き方を肥やしていくことだろう。

そのことに、私は、何よりも大きな喜びと期待とを持っている。

【二〇〇二年五月】

参考図書

●国分一太郎《こくぶんいちたろう》『文章表現指導入門』明治図書（絶版）

●戸田唯巳《とだただみ》『「作文嫌い」はこうして生まれる』明治図書

●雑誌『つづる（大阪つづりかた教育研究会・生活つづりかたの会奈良・高知解放教育と生活つづり方を結ぶ会共編）』
書店では販売されていません。必要な方は左記のところに注文をしてください。
『つづる』連絡先【蔵本穂積〔TEL〇七二一（六五）一七六九〕】

◎著者紹介◎

池田雅治（いけだ・まさはる）

1956年（昭和31年）生まれ。高知大学文理学部数学科卒。

卒業後，1981年（昭和56年）に久居市立栗葉小学校を振り出しに，以後，志摩郡に移って，現在の阿児町立鵜方小学校まで，志摩町立御座小学校，大王町立波切小学校，磯部町立磯部小学校，志摩町立越賀小学校と勤めて，現在23年目である。

『綴方教育論』の著者である野名龍二先生（大阪府堺市）に惹かれて，作文に関心を持ち，後，大阪つづりかた教育研究会主宰の蔵本穂積先生（大阪府河内長野市）に惹かれて，つづり方教育を学んでいる。「教育研究会いちいの会」主宰の吉田正彦先生（三重県久居市）には，教師として，人として，「授業」のことや「生きる」ことについて学んでいる。

〈住所〉

〒517-0601　三重県志摩郡大王町畔名959

書きたいもん

平成15年7月20日　発行

著　者　池田雅治
発行所　㈱溪水社
広島市中区小町1－4（〒730-0041）
電話（082）246-7909／FAX（082）246-7876
E-mail：info@keisui.co.jp
URL：http://www.keisui.co.jp

ISBN4-87440-751-X　C3081